ヴィゴツキー評伝

その生涯と創造の軌跡

広瀬信雄［著］

明石ライブラリー 165

明石書店

まえがき

誰にでも子ども時代があり、ある日突然大人になった人など一人もいません。それは偉人とか天才と呼ばれる人々も同じです。

すぐれた思想や理論は、それ自体に意味があるだけではありません。創設者の歩みや人生とともに伝えられてはじめて生きたものになるのでしょう。思想や理論が、ある日突然現れたかのように見えたとしても、そこに至るプロセスも、そこから始まるプロセスも重要ではないわけがありません。人間の思想はすべて歴史的に形成され、歴史的に発展していくものであるからです。

本書の主人公レフ・セミョーノヴィチ・ヴィゴツキー（一八九六―一九三八）についても同じことが言えるでしょう。思想や理論の解説が必要であるのと同じように、彼がそのような思想や理論にどのようにして行きついたのか、その後どう生きたのかを伝えなければなりません。

生誕一二〇年を経て、現在ヴィゴツキーについてはたくさんの著者、論文があり、今もなお彼をめぐる議論は続いています。もし彼が今そのことを知ることができたならどんなによかったでしょう。

しかし、彼は自分に対するこのような着目や評価を存命中に知ることはなく、自分の思想が何冊もの本になり、さまざまな言語に翻訳されていて世界中に知られるようになるなど思いもしないうちに悲しい生涯を閉じました。

今日、ヴィゴツキーの名前は人文科学の領域を中心に広く知られています。文学、言語学に始まり心理学や教育学や障害児教育学の分野での知名度は高く、多くの翻訳書が発行されています。では、彼の伝記や人生の出来事について日本語で著述する意味など一体どこにあるのでしょうか。

この本には少年ヴィゴツキーがどのようにして世界のヴィゴツキーになったのかが描かれています。一九三〇年代のソビエト時代、とりわけヴィゴツキーの死後、彼については、その名を口に出すのもはばかられる重苦しさが続いていました。彼の著作が書物の形で数多く刊行されるようになったのは没後、数十年も経た一九六二年以降のことですし、彼についてのさまざまな著作が出版されるようになったのも最近になってのことです。

ヴィゴツキーについてのほかの著作と本書の違いがあるとすれば、それは彼の個人的な生活や人間関係を重視した評伝であるという点です。彼の思想や理論が彼の生き方と無関係ではないと考えたからです。

ヴィゴツキーの伝記、それは決して多くはないのですが、とくに次の著作をあげておきましょう。これらは、本書を出版する上での基本的な資料であり、最上のガイドとなった著作です。

1. Г. Л. Выгодская, Т. М. Лифанова: Лев Семенович Выготский. Жизнь, Деятельность, Штрихи к Портрету. Москва: Смысл, 1996
2. А. А. Леонтьев: Л. С. Выготский. Москва: Просвещение, 1990
3. Игорь Рейф: Мысль и судьба психолога Выготского. Москва, Генезис, 2011
4. И. М. Фейгенберг: Л. С. Выготский. Начало Пути: Воспоминания С. Ф. Добкина о Льве Выготском. Иерусалим, 1996
5. Под. общ. Ред. Екатерины Завершневой и Рене ван дер Веера: Записные книжки Л.С. Выготского. Москва《Канон$^{+}$》РООИ《Реабилитация》, 2017

日本語で書きおろされたヴィゴツキーの伝記がどのような価値や意味を持っているか、読者の御判断を待つしかありませんが、日本はアメリカ・イギリスと並んで最も早くからヴィゴツキーを知り、紹介し、研究してきた国の一つですし、文学、言語学、演劇学、哲学、心理学、教育学、そして障害児教育学において少なからずその影響を受けている国です。さらに重要なことは、そのヴィゴツキーの生きざまについて共感し、人間を大切にする彼の思想を共有できる（ヴィゴツキーからすれば）「外国人」なのです。

本書は少年ヴィゴツキーがどのような生き方をしたのかから始まります。時代は一九世紀末、場所は現在のベラルーシ（ソ連時代は白ロシア共和国）、帝政期ロシアからすれば、辺境の郡部にあった町です。

では、のちに「心理学のモーツァルト」と称されたヴィゴツキーの物語への幕を開けましょう。

本書で用いられるヴィゴツキーの表記と意味について

1. ヴィゴツキー……姓（成人以降）。綴り字をD（Д：ヅ）からT（т：ツ）に変更。発音は現実的に同じであるが、本書ではヅとツで区別した。
2. ヴィゴヅキー……姓（子ども時代の姓。のちに娘ギータはこの綴りを使用）
3. レフ・セミョーノヴィチ・ヴィゴツキー……ロシア語での正式名（ファーストネーム＋ミドルネーム＝父称＋姓）。レフ（名）・父セミョーンの息子・ヴィゴツキー家の、という意味。
4. L・S・ヴィゴツキー……右の略称。
5. レフ・セミョーノヴィチ……ロシア風の尊敬表現、日本風にすれば『ヴィゴツキー先生』に相当。
6. ベーバ・ヴィゴツキー……本人の幼称名。家族内、親友同士で用いられた。
7. ダヴィド・イサコーヴィチ・ヴィゴヅキー……従兄にあたる。

ロシア語の固有名詞については、なるべく原語の発音に近づけるように日本語の文字表記を工夫しました。ただし、既に習慣化した表記が定着しているものについては、この限りではありません（例えば、「ソビエト」「モスクワ」等）。

（なお本書には、現在では差別語・不快語に含まれる用語がありますが、歴史的背景の上に成り立つ伝記であることを考え、当時の慣用表現をそのまま用いています。どうぞご理解を賜りますようお願いいたします）

ヴィゴツキーの家族（家系図）

父　セミョーン・リヴォーヴィチ（一八六九—一九三一）
母　ツェツィリヤ・モイセーエヴナ（一八七四—一九三五）

長女　ハンナ・セミョーノヴナ
長男　**レフ・セミョーノヴィチ**（一八九六—一九三四）
ローザ・スメホーワ（一八九九—一九七九）
　ギータ（一九二五—二〇一〇）
　アーシャ（一九三〇—一九八五）
妹　ジナイーダ（ジーナ）
妹　クラヴァ（クラヴディア）
弟　（チフスで死亡）
弟　ドディク（結核で死亡）
妹　（エーシャ）
妹　マリア（マーシャ）

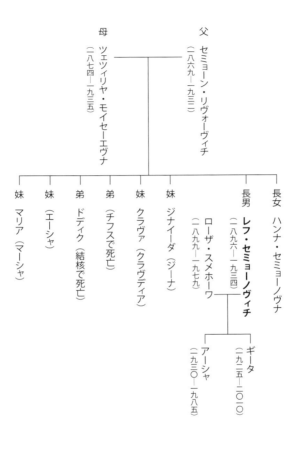

目次

ラトビア
ロシア
リトアニア
ポーランド
ウクライナ
ポロック
ビテプスク
オルシャ
モギリョフ
ジャルジンスカヤ山
345m
ミンスク
グロドン
ネマン川
ドニエプル川
ボブルイスク
バラノビチ
ドニエプル低地
ソジ川
ゴメリ
ブレスト
ドニエプル・ブーク運河
ピンスク
プリピャチ川
モズイリ
0 50 100 km
0 50 100 ml
24
28
32
52
54
56

ベラルーシの地図

第Ⅰ章
故郷ベラルーシの日々

1　草原を馬で駆けた少年

「どこへ行ってしまったのかしら…」。姉のハーヤ（＊アーニャ）は心配しました。弟のレフが馬に夢中で、世話をするのが大好きなことはよく知っていました。その少年は好奇心が強く、物事に熱中するタイプでした。少年が馬を大切にし、まるで自分の仕事でもあるように毎日世話をし、かわいがっていた姿を多くの人が記憶していました。

少年がいつも世話をしていた馬は、姉弟が幼かった頃家で働いていた乳母（ニャーニャ）がこの男の子をとてもかわいがり、一ルーブル銀貨で子馬を買ってプレゼントとして与えたものでした。ですか

＊アーニャはアンナの愛称。ヴィゴツキー家では、ロシア語で会話がなされていたが、ベラルーシに住むユダヤ系の人々は、イディッシュ語に近い言葉も併用していた。ハーヤは「ハエイ」の愛称で、ロシア語ではアーニャ（アンナ）に対応している。

ら、この子はいつもその子馬と一緒にいたのです。この乳母は、この男の子を「ベーバ」と呼びました。そして家族中がヴィゴツキーを「ベーバ」と呼ぶようになりました。「ベーバ」は、家族が話していた言語では「レイブ」（ロシア語の「レフ」（ライオン））にあたります。「自分の子馬」がいるということはベーバにとってどんなにうれしいことだったでしょう。

でも、その日は少し事情が違っていました。この日は自分が世話をしていた馬ではなく、他人の馬に乗ったのでした。少年たちというものは、時に周囲の人々を驚かすようなことを平気でするものです。この少年はこの日初めて出会った知人の馬ともすぐに仲良くなり、駆けてみたくなったのです。いつもとは違う馬に乗れる、そして自在に駆けることができる、それがうれしくて、うれしくてたまらず、夢中になっ

駅前（ゴメリ）

ソジ川

シナゴーグ（ゴメリ）

男子ギムナジウム（ゴメリ）

て走っているうちに、かなり遠くの方まで来てしまいました。ベラルーシの草原は、岩や低木を避けながら走るほどに気持ちよく、馬と一体になってどこでも好きな方向に行き、小さな窪地も上りの坂道も風のように走り抜けていきました。遠くには地平線が見えました。近くの街並みはもう知り尽くした景色でしたので、いつもは来られないところに疾走できるのは何とも楽しく、知らない世界を開拓する探検家のような、そして少し大人になったような気持ちに駆り立てられたのでしょう。誰もがそうであるように、この少年も「時を忘れて」しまったのです。物事に没頭したとき、時間の流れを感じなくなるのは一種の錯覚ですが、誰でも経験することです。少年にとっては、少し背伸びをし、自由で広大な空間に一歩踏み込んだだけだったのかもしれません。しかし当然のこと、家の近所では大騒ぎになっていました。

息子が戻らない、男の子が人の馬に乗ってどこかへ行ってしまったらしい、ケガをして動けないのか、道に迷ったのか、土手からはずれ河にはまったのか…このような心配がどんどんふくれあがってしまいました。姉も、父親も、母親も、近所の人々も顔から笑みが消えていました。誰にも告げずに、突然いなくなってしまったのですから。こうして何時間が過ぎたでしょう。家族や周囲の人々の心配をよそに、一回り大きくなった少年は何事もなかったかのように戻ってきました。そしてみんなが自分を心配していたことを知ったのでした。自分のふるまいが多くの人にとっては深い不安や動揺や心配を引き起こしたことをはっきりと感じ取りました。自分には喜びであっても、それが他人の心配や苦しみにつながることを痛感した少年はうなだれていました。「こんなことになるなんて…」


両親のとった行動は、この家の養育方針をよく示しています。父親セミョーンは声も荒げず、罰することも、人前でとがめることもせず、表情だけで何かを伝え、じっと少年を見つめると、自分の部屋に行ってしまいました。母親のツェツィリヤは無言のまま大きく息をつき、ほっとした姿を見せただけでした。姉のハーヤはみんなを見つめ、涙を浮かべていました。集まっていた人々も静かにその場を去っていきました。

叱責もされず、無言の悲しみや不満の表情だけを示して、親も姉も、人々も自分から離れていってしまったことは、とても耐え難く、この少年にとって最大の心的体験となりました。それは一生忘れられることではありませんでした。以後、少年は自分のとった行為と親しい人々の悲しみや心配をいつも自覚するようになったのです。

この少年ベーバこそ、後の大思想家で天才心理学者となるレフ・セミョーノヴィチ・ヴィゴツキー（一八九六―一九三四）その人でした。一九〇〇年代になったばかりの頃、ユーラシアの地方都市ゴメリでは、人々にとって馬は大切な移動手段でした。

ここでもう一つ、少年時代から現れていたヴィゴツキーの人柄を伝えるエピソードをお話ししておきましょう。馬事件よりも、もっと幼いころのことです。

ある夏、六歳のヴィゴツキーは母方の親戚の家で過ごすことになりました。それは親戚からの提案でした。母は麦わら帽子を買い与え、暑い日には帽子をかぶるように言いました。多くの子どもがそうであるように少年ベーバは帽子をかぶるのは嫌で嫌でしかたがありませんでした。でも「そうするよ」と彼は約束したのです。しばらくして、両親は写真入りの手紙をその親戚から受け取りました。もちろん帽子をかぶっているベーバが写っていました。やがて、ゴメリの家に戻ってくるなり母は言いました。

「行く前は帽子はいらないって言っていたのに、写真ではちゃんとかぶっているじゃない」

「きっとお母さんが見るだろうと思ってかぶったんだ」

母はやや不満そうな顔をしました。自分からの発信が相手にどんな影響を与えるか、少年はちゃんと考えて行動していたのです。

子ども時代のヴィゴツキーにとって、最大の悲劇はゴメリの水運の路であったソジ川でのボート事件でした。ソジ川には多くの船が往来しました。ドニエプル川の支流であったソジ川は運河でもあり、人や物資を運んでいたのです。

少年たちの楽しみは、夏の日のボート遊びでした。大きな汽船が通ると大波のうねりを起こします。少年たちは小舟で「波乗り」をして楽しんだのでした。しかしそれは危険と背中合わせの遊びでした。そして悲劇が起きてしまったのです。友人の命が奪われてしまったのです。この不幸な出来事は文字通り、ヴィゴツキーにとっては一生忘れることのできない悲しみとなりました。そして人の生はいつも死と隣り合わせであることを自覚するようになりました。

誰にとってもそうであるように、子ども時代は、その人の人格形成に大きく影響するものです。子ども時代の事件をはじめにいくつか紹介したのは、ヴィゴツキーの人格を理解する助けとなるという思いからです。

2　田舎町オルシャからゴメリへ

では時代を少しだけ戻ることにしましょう。辺境の田舎町、現ベラルーシのヴィテプスク州（以前のモギリョフ県）オルシャの町で一八九六年（旧暦の）十一月五日（新暦では十一月十七日）に、夫セミョーンと妻ツェツィリヤの間に第二子として男の子が生まれました。両親は、祖父と同じ名前の「レフ（＝ライオンの意）」と名前をつけました。家では「レイヴ」（愛称「ベーバ」）と呼ばれていました。この本の主人公ヴィゴツキーです。ベーバと最初に呼んだのは乳母でした。大人になってからも仲間ではこの愛称で呼ばれていたということです。正式な名前は、レフ（名）・セミョーノヴィチ（父セミョーンの息子）・ヴィゴツキー（姓）です。レフが誕生してしばらくして、一家は三〇〇キロほど南下し、ウクライナともロシアとも接するやはり交通の要所であるゴメリ市に移りました。レフ・ヴィゴツキーには、このゴメリの町が自分の故郷となります。中等教育を終えるまでこの町で暮らし、その後は一九一三年から一七年までモスクワで大学生となり、卒業後、再びゴメリの町で一九一七年から三四年まで過ごすことになります。それはどのような町だったのでしょうか。

ここでゴメリの町について簡単に触れておきましょう。ヴィゴツキーを育んだこの都市は独自の歴史と文化を持っていました。古いロシアではゴメリは県にも属さない群下の町にすぎませんでした。しかし他の町とは違った面もありました。大昔、チャルトルィンスキー大公の所領だったこの町は、エカチェリーナⅡ世の御代に、陸軍元帥ルミャンツェフ＝サドゥナイスキーに永久世襲領地として恩賜され、ルミャンツェフは城（宮殿）を築き、庭園を拡張しました。ルミャンツェフ（父）の没後、ゴメリはその息子ルミャンツェフのものとなりました。この人物は一九世紀初

ルミャンツェフ＝サドゥナイスキー

パスケヴィチ

頭の国家的な活動家であり、今でいえば大臣クラスの人でした。ゴメリには多くの歴史的文書や法律文書が持ち込まれ、ルミャンツェフの仕事と関連して、印刷や出版、研究冊子等の発行に関わる仕事を行う町となりました。息子ルミャンツェフはモスクワに自分の名を冠した図書館を創る一方、この町で仕事をし、文章類を発行しました。ゴメリはこの時代としては特に文化のある地方都市でもあったのです。その弟セルゲイの三代にわたってルミャンツェフ一族のものであったこの町は、その後一八三四年に売却され、パスケヴィチ公のものとなり、さらにニコライI世から下賜されたものを合わせ、城は増築され、塔が建てられました。白鳥が飛来する湖のある公園は美しく、また栗の並木通りができました。外見的には、城、塔、湖、栗並木がつくりだす美しい一角を有する町でしたが、社会的な状況はむしろ逆の方向に進もうとしていました。でも、この町が見舞われた悲しい事件については、もう少し後で述べることにします。

　ゴメリは一九世紀後半、急速に発展したのですが、それは二本の鉄道路が交差する地であり、またドニエプル川支流のソジ運河のたもとにあった水運の町でもあったからです。早くから物流が盛んで、家内工業も発展しました。急速に人口も増え、西部ロシアの中心地の一つとなり、やがて革命の一拠点ともなったのです。とりわけ印刷業が発達し、用紙類が豊富に入手できたゴメリは、のちにヴィゴツキーらが出版活動を始めるうえで好条件でした。

現在のゴメリ

現在のベラルーシに住むユダヤ人は約三万人と言われ、人口比率では総人口の〇・三％あまりになりますが、ヴィゴツキーが住んでいた頃は、ベラルーシの総人口の約一五％、九〇万人に達していたとされています。ユダヤ人は都市部に集中していて地域経済・文化において大きな役割を果たしていました。ベラルーシのユダヤ人はアシュケナーズ（「ドイツ系」の意味）であり、日常的にはイディッシュ語を用いていました。それは高地ドイツ語に含まれる言葉で、ドイツ語・スラヴ諸語・ヘブライ語の語彙が使われ、ヘブライ文字で表記されています。ユダヤ人の知識階級では、ドイツ語やロシア語が優勢であったようですが、革命後のベラルーシ共和国では、ポーランド語、ロシア語、ベラルーシ語と並んでイディッシュ語も公用語とされました。しかし、一九三〇年代末には、ロシア語を母語とするユダヤ人が多くなり、公用語としての地位は低くなったのです。

現在ゴメリ（欧州では「ホメリ」と発音される）は州都であり、人口は五〇万人を超える都市です。現ベラルーシの南東地域に位置し、首都ミンスクからは約三〇〇キロのところ、ドニエプル川の支流ソジ川沿いにあります。チェルノブイリ原子力発電所の事故後、日本からの医療支援活動もこの都市が中心となり行われています。

ソジ川を望む高台の公園（ルナチャールスキー記念公園）には、旧ルミャンツェフの屋敷であった宮殿が博物館となって現存しています。

さて、ゴメリ市の中心街、ソビエツカヤ通りとジャルコフスキー通りの交差点に、二階建ての家屋がありました。この物件はルミャンツェフの頃に建てられました。今日まで残っているということは頑丈な造りだったのでしょう。

まだ二つの通りが、それぞれルミャンツェフスカヤ通りとアプテチナヤ通りと呼ばれていた一八九七年、その二階にあった一室にオルシャからヴィゴツキー一家がやってきました。両親と子どもが二人です。二歳を過ぎた女の子とようやく生後一年になろうとする男の子です。姉のハーヤと弟の（ベーバ）ヴィゴツキーです。やがてヴィゴツキー家は八人の大家族となり、ベーバの下に妹と弟が二人ずつ生まれました。

3　ヴィゴツキー家の人々

ヴィゴツキー家はゴメリ市で最も教養あるユダヤ人家族の一つでした。レフ・セミョーノヴィチ・

ヴィゴツキーがユダヤ人であったこと、それが彼の人生においてどのような価値と意味を付与したのかについては後述することにして、ここではベーバ少年が育った家族の様子と家についてお話ししましょう。

父親セミョーン・リヴォヴィチは市内の連合銀行の支店の頭取をする一方で、ある保険会社の代表でもありました。ゴメリ市民の回想によれば、聡明で思慮深く、人々から尊敬される人物であったということです。実直で仕事ができる人間だった父は、市民の生活のために多くのことをしていました。この当時、文化的なユダヤ人は、本業のほかに何かしら社会に役立つこと、自分にできそうなことを自ら見出してそれを行っていました。父セミョーンは、ロシア・ユダヤ人啓蒙普及協会でゴメリ支部の代表となり、社会教育的な分野に自分を生かす道を選びました。市民の安全保護連盟の積極的なメンバーであり、また彼の提唱によってゴメリ市に見事な図書館が誕生したのです。有能な司書グルフィンケルを選び、当時の地方都市には珍しい立派な図書館は、市民や中学生たちの自慢でもあったのです。もちろん息子のベーバ・ヴィゴツキーも、その友人たちも利用していたということです。

1897年から1925年まで暮したゴメリの家

ハリコフの商科専門学校で学んだ後、生涯、銀行マンであった父は、いつも物事の本質を見抜き、辛辣な皮肉を言ってのけるような人物でしたが、「馬事件」の際に息子に対してとった態度から分かるように、良き家庭人でもありました。なお父セミョーンは、晩年モスクワの産業銀行アルバート支店の頭取をしています。

レフ・セミョーノヴィチ・ヴィゴツキーの母ツェツィリヤ・モイセーエヴナ（一八七四―一九三五）は、夫とは違い、大人しく、心優しい性格の女性でした。当然、一家の精神的な支柱は母が立てていたのです。彼女はドイツ語とフランス語を自在に用いていたと言われています。また教師としての教育も受けていました。ハイネの詩を愛し、ヴィゴツキー自身もハイネを好むようになりました。ヴィゴツキーの妹たちがのちに語ったところによれば、母ツェツィリヤは大いなる知性と善良さに満ちた女性で、子どもたちにも親しい人で、生涯にわたって子どもたちから大事にされ、限りない感謝を受け取っていました。

父も母も、子どもたちの気持ちをよく知ることができる人でした。長男ヴィゴツキーが哲学に興味を持ちだした頃、父親は出張から帰ってくると、スピノザの本を彼に与え、それが息子の終生の愛読書となりましたし、母がヴィゴツキーの面倒をよく見てくれたように、ヴィゴツキーは幼い弟や妹の足を洗ってあげるよい兄になりました。こうしてお互いを大事にし合う家族の日々がゴメリの家で過ぎていきました。

ヴィゴツキーの家の居住部屋は二階にありました。前述したように歴史的な頑丈な建物の、壁の厚みは七〇センチ以上あり、一階部分には丸天井の部屋がありました。やがて家族は増え、子どもが八人になると、二階には、五つの部屋があったのですが、大きめの二部屋は食堂と両親の寝室、次の部屋はそれよりやや小さめの部屋でしたが、それなりに大きさのある部屋で年長の姉妹三人が使い、他の二部屋は、細長い部屋で、一部屋は下の妹二人が使い、もう一部屋はレフ・セミョーノヴィチを含め、兄弟三人で使いました。ベーバ・ヴィゴツキーには個室はありませんでした。ルミャンツェフ時代には大きく、広い部屋だったものを、子ども部屋用に後から仕切ったものでした。

ヴィゴツキー家の住居は、保険会社の代理店事務所がある大きな部屋とつながっていて、昼の二時、三時に事務所が閉まるや否や子どもたちのたまり場になり、近所の子どもたちもやってきました。また、自分一人だけになりたいときも、この事務所が使われました。

食堂には、家族全員が着くことのできる長くて大きなテーブルがあり、いつもサモワールに湯が沸いていてお茶が飲めました。食後の、夜のティータイムには年長の子どもやその友人もやってきておしゃべりが始まる、それがヴィゴツキー家の習慣でした。家族や友人と語り合う日々も、夕べのひときも少年ヴィゴツキーに大きな影響を与えました。

ヴィゴツキー家が大家族であったことに加えて、次のような事情もお話しておくべきでしょう。父セミョーンは自分の家族のほかに、若くして亡くなった実兄イサークの家族の面倒を見ていました。経済的な面では、とてもつつましい暮らしをしていたのです。女子中学校（ギムナジウム）の制服以外に娘たちは外套しか持っていませんでした。年下の娘マーシャは言いました。

「ねえ、どうしてよその家の女の子たちは良い服を着ているの、私たちは……」。すると、母ツェツィリヤは、ゆっくりと落ち着いて言うのでした。

「だって、あなたもわかっているでしょう。私たちがダーシャ（亡くなった義兄の未亡人）を助けてあげなきゃならないでしょう。あそこの子どもたちはお父さんなしで暮らしていくのよ」

ダーシャの子どもたちの中には、レフ・ヴィゴツキーの従兄にあたるダヴィド・イサコーヴィチ・ヴィゴヅキーがいました。彼はレフ・ヴィゴツキーよりも年上で、青年時代からその後の人生において最も影響を及ぼした人物の一人です。この本の中でもダヴィドはこれからたびたび登場してきます。

当時ヴィゴツキー家をよく訪れていた友人たちの回想によれば、家ではいつも本や雑誌があり、詩や劇について話題となり、よく話をする仲良しの家族だったということです。また二階のバルコニーも子どもたちのお気に入りの場所で、それはルミャンツェフスカヤ通りと並木道に面していました。階下のエントランスには大理石造りや鋳鉄製の長いすが置かれ、青年たちはこの場所を好んでいました。

世の中は次第に戦争や動乱の時代へと向かっていましたので、このようなヴィゴツキー家の幸せな時間はいつまでも続く運命にはありませんでした。ゴメリでの子ども時代、それは苛酷な彼の人生の中で最も幸せなひと時であったのかもしれません。

4　アシピス先生の教育

レフ・セミョーノヴィチ・ヴィゴツキーは小学校には行きませんでした。このことはもう少し正確にお話しましょう。当時としてはかなり教養のある家庭に生まれたのにヴィゴツキーが学校へ行かなかったとはどういうことでしょう。

帝政期ロシアの学校といえば、それはギムナジウム（「中学校」と訳されます）のことでした。日本におけるような小学校はなく、小学校と中学校を合わせて、「中学校」と呼び、そこで中等教育を修了し、限られた者が高等教育、すなわち大学に進みました。一九世紀末のロシアでギムナジウムは、大学入学資格につながる八年制課程で、人文主義的な傾向を強く持ち続けていました。当時、ゴメリにはギムナジウムが二校ありました。その当時の呼び方で言えば官立のギムナジウムと、もう一つは私立のラトネル・ユダヤ人ギムナジウムです。この時期ロシア全体で、このようなユダヤ人のためのギムナジウムは五、六校あったとされています。ゴメリには後述するように、ユダヤ人定住区があったため、私立ユダヤ人・ギムナジウムがあったのでしょう。一方の官立ギムナジウムは重苦しい雰囲気で、反ユダヤ人的な性格だったのです。そこでは貴族や官史の子弟が多くを占めていました。

両親にとっては、どちらも気の向く学校ではなかったのです。幼い頃からなんでもやりこなすことができた息子に、反ユダヤ人的な官立ギムナジウムも、もう一つの、備品や教育の質が十分とは思えない私立の学校など今さら必要ではないと考えたのかもしれません。この子には家庭で教育を受けさせることにしました。「個人教師による家庭的教育」という表現が適切でしょう。その教師こそ、ソロモン・マルコーヴィチ・アシピス先生でした。少年ヴィゴツキーに必要だったのは、もはや初等教育レベルの教師ではありませんでした。まさにアシピス先生は、ヴィゴツキーにふさわしい個人教師でした。

アシピスは数学を専攻していましたが、学生騒乱に関わったことで大学を追われた身としてもっぱら噂されていた人物で、シベリヤへの流刑からの戻り人でした。ゴメリで定職があるわけではなく、個人教授をして身を立てていました。一見したところ、ぐずぐずしたり、ぼうーっとしたりしていましたが、それは見かけだけの姿でした。流刑地では、友人を訪ねて別の流刑地まで何百キロも歩いて行ったというような得体の知れなさがありました。アシピス先生は農民や虐げられた人々を思うユダヤ人革命家としての顔を持っていました。

退学したものの、数学はもちろん、ギムナジウムの科目は十分教えることができ、ラテン語にも明るく、講習会を開くほどでした。この頃、ギムナジウムの成績下位の生徒向けに詰め込み教育をする「補習家庭教師」とはちがい、アシピス先生には優秀な子が委ねられ、さらに力を伸ばすことができました。アシピス先生はヴィゴツキーを「ベーバ」と幼名で呼び、実力を認めていました。

アシピス先生の教え方は、こんな感じです。はじめに先生が淡々と小声でゆっくり教えるべき内容を説明します。この時の話は生徒にとって面白く、関心の持てるものであることが大切です。次は生徒の番です。予め課せられていたことに答えながら発表します。この先生は生徒の発言を遮ることなく、目を閉じて聴くか、鉛筆の先を鋭く削っています。時に眠っているようですが、それも外見です。生徒の話が終わるや否や、目を開け、二つ三つ質問をします。それは生徒が自分の間違いに自分で気が付くための質問だったのです。つまり、生徒がまるで自問自答しながら学んでいくようなユニークな勉強法でした。やがて生徒たちは自学自習することを身につけるようになり、誤りを自分で見つけ、自分で訂正するようになるのでした。この指導法はヴィゴツキーにとって、これ以上ないもっともふさわしい学び方でした。そしてやがて指導者となったヴィゴツキーにもその方法が受け継がれたことは言うまでもありません。

5　ギムナジウムでの学び

こうして、ギムナジウムに入らずに個人教授によってめきめき学びを深めていったヴィゴツキーでしたが、今後の進路を考えたとき一つの問題がありました。それは大学に進学する者には、ギムナジウムを終了し卒業検定試験に合格していることが資格条件になっていたことです。そこでヴィゴツキーは親と相談し、ギムナジウムの第六学年分までを家でアシピス先生から習い、第七学年からは私立ラトネル・ギムナジウムに編入学することにしました。最後の二年間だけ、生まれて初めて学校で学ぶことになりました。ヴィゴツキーにとっては、それはあまりに大きな変化でした。それまでの交友関係は、姉や妹の友だち関係が主で、男子の同級生と呼べる者はいなかったのです。

ある種の疎外感があったのにもかかわらず、たちまち彼はギムナジウムでも同級生や教師たちから認められ、自分の存在をつくることができました。

ラトネル中学校の生徒のレベルは高いものでしたが、彼の並外れた力量はすぐに誰もが認めるところとなりました。例えば、この当時ラトネル・ギムナジウムで教えていたチョームキン先生の回想によれば、ヴィゴツキーの成績はトップでありながら、それを鼻にかけることはなく誰にも親切であったので、同級生たちから尊敬され、好かれていました。彼の向上心は、どの科目にもみられたので、数学の先生はそれなりに、また古典の先生も自分なりに将来の学者ヴィゴツキーの姿を描いていました。当のヴィゴツキーが好んだ科目は文学と哲学でした。

ヴィゴツキーがラトネル・ギムナジウムに編入学した時期と前後して、学校とは別に自主的な学習サークルができ、彼はその中心人物となりました。そのいきさつはこうです。

ベーバ・ヴィゴツキーには、すぐ下に妹ジーナ（ジナイーダの愛称）がいました。彼女はのちに言語学者となる聡明な娘でした。妹ジーナは女子ギムナジウム（女子中学校）に学び、友人のファーニャ・ドープキナらと中心になってユダヤ人の歴史を研究するサークルをつくろうと考えました。民族問題は人類の永遠のテーマですが、二〇世紀初頭、それは差し迫った現実的な問題でもありました。そして、ユダヤ人であった才能のある多感な若者たちにとっては、絶対に避けて通れない、自己を確立する上での最大のテーマでした。ユダヤ人の歴史を学習することは自分たちの存在をつくる学びであったのです。

ジーナとファーニャは同学年の友人に話しかけ、小さな学習サークルができました。二人は相談し、リーダー役をジーナの兄、つまり当時一五歳のヴィゴツキーに頼むことにしました。さらにファーニャの弟セーニャ・ドープキン（一八九九―一九九二）も加わりました。そのセーニャ（正式名はセミョーン・フィリポーヴィチ・ドープキン）の回想によれば、このサークルで学習したのは、ユダヤ人の歴史ではなく、「歴史とは何か」「民族とは何か」であり、むしろ歴史哲学であったと述べています。「歴史とは何か」を知り、「今、自分たちは何をすべきか」を若者たちは考えたのでしょう。

このサークルは約二年間続き、ヴィゴツキーがモスクワへ進学することになったときに事実上、解散となりました。この学習サークルで注目すべきことは一五歳のヴィゴツキーがどのような指導をしたか、です。彼の進め方はこうです。まず初めにヴィゴツキーが基調となる報告をする。次に参加者それぞれが自分の担当課題を決める。ヴィゴツキーは各参加者とそれぞれの課題について打ち合わせ、学習支援をし、発表の準備作業をともにする。そして発表会では、報告を受け質疑を行う。ヴィゴツキーが最後に結びの話をする……。

中学生の自主ゼミナールがこのような形で進められるのは、とても信じがたいことですが、当時、ユダヤ人の当事者として若者が真剣に学ぼうとしたのは、社会に緊張感が漂い、行き先が見えない不安が大きかったからでもあるのでしょう。

それにしても大学生がするようなゼミナールを中学生に指導したヴィゴツキーの指導力はどこからきたものなのでしょうか。自身が学校に行っていなかったヴィゴツキーにとって、他人に教えたり、他人を導くことは、一体誰から学んだのでしょうか。親やアシピス先生の影響でしょうか。もちろん、それもあったでしょう。しかし彼にとって、学ぶことは自分が教えることであり、教えることは自分が学ぶことだったのです。今まで自分が物事を学習したり研究したりしたことのやり方を、実行しただけなのです。相手と共同しながら学んでいく姿勢は、既に一五歳の頃から培われていたのです。自身の学びに仲間を付き合わせることを難なく実践していたのです。また仲間にとってヴィゴツキーと一緒に勉強することがどんなに面白く、自分の発表をする前に彼と対話することがとても楽しい時間であったと、先のセーニャは回想しています。

のちに、ヴィゴツキーが研究者仲間から慕われ、大学の講義や講演会で多くの聴衆を引きつけ、多くの後継者を生み出す素地は、既に十代の、この学習サークルに敷かれていたのでした。このサークルでは、ヴィゴツキー自身にとっても、深く物事を考える時間であったのです。最終的な発表よりも、準備段階が大事であること、教える者が先に立ったり後ろに立ったりしながら、生徒とともに考えていく……　このような実践スタイルは後の教育理論や指導者としての在り方に十分重なります。

6 「ユダヤ人であること」

ヴィゴツキーの思想や心理学を考えるとき避けては通れないことがあります。それについては、ロシア、欧米の文献ではあまり強くは触れられてこなかったのですが、それは、彼がユダヤ人であること、またそのことを自身がどのように考えていたのかということです。もっとも欧米の知識社会では、あえてことばにしなくてもそのことはよく了解されていることなのかもしれません。

これまでに書いてきたことから明らかなように、ヴィゴツキー家はユダヤ人家系でしたし、彼が子ども時代を過ごした社会はユダヤ人社会であったと言えるでしょう。そして友人関係も、アシピス先生たちも。

彼の家があった都市ゴメリ市にもユダヤ人が大勢暮らしていました。というよりも「ユダヤ人定住区」が定められていたのです。現代ではとても考えにくいことなのですが、ある地域にしか住んではならないという規則があったのです。もちろん全体がロシア社会であるわけですから、ロシアに住む教養あるユダヤ人たちはロシア語を第一言語としていました。しかし多くの人々はヘブライ語や、両者の中間的なことば、さらに他の言語も用いていました。

ヴィゴツキーの育った町ゴメリには悲しい歴史がもう一つが付きまとっていることを知らなければなりません。それは「ポグロム」という不快な響きを持つ虐殺事件です。ポグロムとは、ロシアにおけるユダヤ人への集団暴力や虐殺のことです。

ゴメリ市での最初のポグロムは一九〇三年に行われ、実行者たちにもユダヤ人側にも多くの死者が出て、以後ユダヤ人社会は自己警備が強まり、ポグロムの実行者側がユダヤ人側を逆に裁判にかけるという結果を招きました。二度目は、一九〇五年、ユダヤ人定住区を丸ごと逆襲するほどのものでした。

悲惨な事件後の一九〇八年頃から、そのポグロムへの反動も民衆の意識に起き始め、ロシア文化もユダヤ文化も高揚する活気のある町が出てきました。

まさにレフ・セミョーノヴィチ・ヴィゴツキーが自分の青少年期を過ごしたのはこのような時代であったのです。彼だけではなく姉妹も他の家族も友人たちも。しかし彼の問いは、「なぜ自分たちはユダヤ人か」「なぜユダヤ人が不条理で理不尽な扱いを被るのか」ではなく、「民族とは何か」に向けられました。ユダヤ人の歴史の難しい問題の一つは、「民族は、その民族にとって何をするのか」にある、と先の学習サークルの参加者の一人セーニャ・ドープキンは述べています。

一般には「領域」とか「言語」、「宗教」、「国家」といった概念が民族を統一するものと考えられますが、これらのいずれもがユダヤ人を一つの民族とする理解にはぴったりしないのです。ヴィゴツキーは考えました。民族を成しているのは「歴史的な過去を共有すること」であると。運命を歴史的に共有するからこそ人民を民族に変える、と考えました。だからこそ彼にとって歴史を学ぶことが、のちのさまざまな分野における研究の歴史的アプローチを確立させたのでしょう。ユダヤ人であるために被ったマイナスは、人類とは何か、人間とは何かを研究する思想家・心理学者ヴィゴツキーが誕生するうえではプラスの作用をしました。

先述したサークルでは、聖書を第一次資料とし、立場の全く異なる二つのユダヤ人史、ヘンリック・グレッツとヨセフ・エルネスト・レナンの本が使われましたが、同時に歴史における個人の役割についてはトルストイやカーライルの作品を使いました。ここでもヘーゲルの弁証法「テーゼ・アンチテーゼ・シンテーゼ」という方法が歴史解釈と結びつけられていました。ユダヤ人であることは、ヴィゴツキーの歴史主義と切り離すことができません。

さらに付け加えるならば、彼の歴史主義は学習会での進め方にも現れていました。彼は同じ内容を同じ言い回しで伝えることをしませんでした。一回目で相手が理解できなかったとき、二回目は別の言い方、別の例で説明しましたし、重要な思想は何度もくり返して話をしましたが、二度目は、意味が強められ、いろいろな例示がなされ、同じ説明をただくり返すことはしませんでした。相手の理解に合わせた表現をする、大事なことは一回目より二回目でさらに強化されるようにする、つまりこれらのことは、同じことを二度としない、という彼の歴史観と結びついています。中学生の頃から自分で実践していた彼の思想は、生涯保たれることになりました。

聖書とユダヤ教の関係論についてヴィゴツキーはユダヤ教のオリジナリティを重視しました。彼の哲学的思想がユダヤ教と結びついていることはもちろん十分考えられますが、その根本を中学生の頃に自分たちの学習サークルで確かなものにしていたことも重要です。

その後、ソビエトの社会ができ彼が生きていくうえでユダヤ人であることが不利につながることは想像を超えるぐらい多かったでしょう。青少年期に「ユダヤ人であること」を学習会を通して研究的に理解できたことは重要なことでした。ユダヤ人だからこそ到達できた世界観と人間観が形成されたのです。

ヴィゴツキーはユダヤ教をどのように身近なものにしたのでしょうか。次のようなエピソードが残されています。ヴィゴツキーに関する他の多くの本ではあまり書かれていないのですが、当然ヴィゴツキーも家庭教育として宗教的にユダヤ教を学びました。男の子は土曜日ごとに、あるいは祭日にシナゴーグ（ユダヤ教の礼拝のための教会堂）で祈ることを習い、成人になっても休日にはシナゴーグに行くことを期待されました。それはユダヤ教を理解するというより生活的にそれを身につけるという方が正しいでしょう。

そのような時の祈りの指導者は「レベ」あるいは「メランド」と呼ばれる人々でしたが、宗教学者というほどの人たちではありませんでした。ヴィゴツキーは、彼らを超えるほどユダヤ教に関しても学んでいました。一三歳は、ユダヤ教では一人前に扱われる日で、その日は「バル・ミツヴァ」（バルは息子、ミツヴァは良い事・義務という意味）と呼ばれ、この日から男子は、「義務や責任を果たす息子」＝「良い事をする息子」になるのです。それまでは、神の下、親が責任を取るという考えです。

この日は祝賀の席があり、そこでスピーチをしなければなりません。これを古代ヘブライ語では「ドローシャ」と言い、それは「ことば」という意味です。通常の場合は、レベやメランドの師が文を作成し、男子は丸暗記して声にしたのですが、レフ・ヴィゴツキーは少し違っていました。師が作成したそれなりの古代ヘブライ語を唱えるのではなく、自身で古代ヘブライ語によるスピーチをつくり、それを自身のことばとして述べたのです。よくある決まり文句ではなく、歴史や道徳を述べたものでした。この頃既に、使い古された決まり文句が意味のないものであることを感じ取っていたのでしょう。また、ヴィゴツキーは聖書に関しても熟知していました。それを宗教書としてではなく、哲学的内容が具現化されている書物として読んでいたのです。

ロシアのユダヤ人は一般的にどのような状況下にあったのでしょうか。ロシアに暮らしたユダヤ人は、ソビエト時代も含め、現代史におけるさまざまな出来事の最中にありました。戦争、迫害や虐殺……政治的には弱くもあり、強くもあったと言うことができるでしょう。自身や家族さえあればいい、と考える人々だけではなく、自分たちの置かれている状況そのものの解明や解答を求める人々もいたのです。

事実この地に暮らしたユダヤ人は、ロシア語、イディッシュ語、ヘブライ語を用い、科学、芸術、学問、産業など多方面で大きな活躍をしてきましたし、体制側であろうと反体制側であろうと政治的影響を受けた人々も多くいます。ユダヤ人であることを否定する者、肯定する者、ロシア社会を否定する者、肯定する者、ロシア文化に同化しようとする者、ユダヤ文化を富化しようとする者、両者を融合させて、それらよりもよい文化を創ろうとする者……さまざまな生き延び方があったのでしょう。そのような背景があったことを考えるならば、ヴィゴツキーの生き方が少し理解しやすくなるような気がします。

一九世紀末から二〇世紀のはじめにかけてロシアにいたユダヤ人の何百万人もアメリカに移住しました。実は一九三〇年代になって、ヴィゴツキーはアメリカから一家で招待されることになるのですが、これは実現しませんでした。筆者は、その点にもヴィゴツキーの生き方を感じることができます。生まれた地を大事にしたのだろうと思えます。このことについては、本書の末の方でもう一度、お話することにしましょう。

7　青年ヴィゴツキーの夢と世界観

ゴメリのユダヤ人社会は活気があったとはいえ、定住区に暮らす青年にとっては閉塞感は否めない事実だったでしょう。しかし、この時期ヴィゴツキーたちは、ほかのどんな青年たちもそうであったように、仲間同士で好きなことに夢中になりました。文学作品、特に詩、劇、新聞、などについて語り合うことが主でしたが、この時期、彼が夢中になったものを他にも挙げておきましょう。

それは切手蒐集とエスペラント語です。これらについては友人セミョーン・ドープキンの回想にも出てきます。今ほど通信手段が多様ではなかった時代、文通は青少年の楽しみの代表でした。それは絵はがきや切手の交換を伴うものだったのです。この件に関しては従兄ダヴィド・イサコーヴィチの存在を抜きにしては語れません。年上のダヴィドは既にエスペランティストでした。もともとエスペラント語は科学交流のための国際語でしたが、現実的には当時の若者たちの国際交流の手段でした。ダヴィドはゴメリ市のエスペランティストの代表「デレギート」（エスペラント語）をしていたのです。

彼を介してヴィゴツキーは切手蒐集や世界を広げるエスペラント活動に関心をもったのです。

最初の文通相手はアイスランドの若者でした。エスペラント主義の雰囲気、世界と交流できる機会、これらはゴメリという地方都市のユダヤ人社会で暮らさざるを得なかった若者ヴィゴツキーが世界に向けて発信できる方法であったのでした。青年らしいあこがれを遂げるささやかな道であったのです。外国を知ろうとする気持ち、世界をどう考えるか、つまり世界観はこの頃の若者たちの一番のテーマでした。

二人の従兄弟ダヴィド、レフとともに（ヴィゴツキーは中央）

十代のヴィゴツキーがエスペラント語を学び、北スカンジナヴィヤ（アイスランド）に関心を持ったことには多少なりとも理由があるかもしれません。何よりそれは、新しい文化をつくった北スカンジナヴィアの作家、イプセン、ガムスン、ステレンベルクらの影響と考えられますし、その影響を受けたロシアの詩人A・ブロークの作品の影響もあったのでしょう。ブロークはヴィゴツキーが好んだ詩人の一人でした。そしてニコライ・グミリョフが古アイスランドのサガ（ノルウェーに属するまでのアイスランド人の姿を語る伝説的物語）に基づいて創った劇的な詩「ゴンドラ」を気に入っていました。アイスランドのサガの洗練された文体や叙述の完成度がヴィゴツキーを引きつけただけではなく、サガで語られる報復の応酬や「全島集会」といった解決法にも関心があったのでしょう。社会問題を北方の国々の作家が作品にしていたことをヴィゴツキーは読んで知っていたのです。彼にとっては新しく広く拓かれている国々に思えたのかもしれません。また移民を受け入れる国、ユダヤ人が排斥されない地域と考えていたのかもしれません。アイスランドは現在でも民主的で平等意識が高い国家として知られ、物価は高いが生活が保障される幸福度も高い国とされています。そのような先進性は昔から根付いているものであり、青年ヴィゴツキーには開けた国のイメージがあったのでしょう。さらにヨーロッパのエスペランティズムには、ザメンホフの思想や世界市民主義者としてのユダヤ人の存在があったと思われます。またアイスランドでは冬の日照時間が少ない時期には、ろうそく一本の下で人の話をききあう文化が形成され、それらが書き残されたといわれています。千年前のことばが今も語り継がれ、子どもたちもそのことばや文化を大事にする国です。厳しい自然条件の中で、人間が幸せになる文化を形成していた国でした。

そしてチェスもこの頃からヴィゴツキーが愛好したものの一つでした。

詩や演劇を通して世界を知り、エスペラントで世界を知る。ゴメリ市にいながらできることは何でもしていました。やがて大学進学を考える時が来ました。夢を実現するために。

そうです。いよいよラトネル私立ギムナジウムを卒業する時がやってきたのです。一九一三年の六月です。この時ヴィゴツキーは一七歳になるところでした。そもそも私立ギムナジウムの第七学年に編入学したのは、高等教育機関（大学）に入るための資格、すなわち中等教育の修了証明書を得るためでした。しかし、私立中学校の場合、卒業証明を発行するためには、いわゆる「代理官試験」を実施しなければなりませんでした。実際にはそれは官立中学校の権威主義による仕組みでした。代理官は官立中学校の教師が務め、私立中学校を見下す場だったのです。試験は難しいものでしたが、ヴィゴツキーには苦労なく解答できるものでした。この試験が終わったのは六月の末でした。これで大学入学資格は手に入れることができました。

しかし、まだ越えなければならないハードルがあったのです。当時は多くの大学で、ユダヤ人の入学者を五％以内におさめる差別的な規則があり、さらにモスクワ大学とペテルブルク大学では三％以内におさめるノルマ（員数割当制度）が課せられていました。これはロシアの一般中学校にも課されていました。従ってユダヤ人が大学に入るためには中学校を金メダル（主席クラス）で卒業しなければなりませんでした。もちろん、ヴィゴツキーは金メダルでしたので問題はありませんでした。ところがヴィゴツキーにとってさらに問題が生じました。時の国民教育大臣カッソーが新たに、ユダヤ人入学候補者選抜に抽選制を導入したのです。つまり優秀な選りすぐりのユダヤ人を大学に迎えるのではなく、抽選制によって平凡なユダヤ人学生を大学に迎える仕組みに急遽変えてしまったのです。

新聞でこれを知ったヴィゴツキーは、ため息をつきながら言いました。「ああ、もう僕の道はなくなってしまったよ」と。学習サークルの仲間だった年下のセーニャ（セミョーンの愛称）・ドーブキンは「べーバ、こんな不公平があるものか、あなたは大学に行けるさ」と、とっさに言いました。抽選に当たるかどうか、二人は賭けをしました。もし当たったら、ヴィゴツキーはセーニャに本を贈ると約束したのです。

卒業認定試験の成績ではなく抽選で合格が決まると知って、家族もみな気を落としました。でも待つしかありませんでした。願書の提出先はモスクワ大学にしました。親の押しにより医学部に出したのです。当時のユダヤ人にとって最大限の身の保障をしてくれる仕事は医師になることでした。それならいつも食にありつける、と父母は考えたのです。

新年度も近づいたある日、ヴィゴツキー家の人々はモスクワの知人から、抽選にも当たり入学が決まった、との電報を受け取りました。もうダメか、と思ったことが転じたのです。セーニャはブーニン詩集の立派な本をヴィゴツキーからプレゼントされたのです。それには自筆でこう書かれていました。

「賭けに負けた記念として。親愛なる君、セーニャへ。ベーバより。

一三年　十月九日」

「学校」はラトネル私立ギムナジウムに最終学年の二年通っただけでしたが、親、友人、アシピス先生、従兄ダヴィド、サークル……これらから受けた教育経験を持ってヴィゴツキーは、革命直前のモスクワに出発しました。この時既に独学の方法も、他人に教える方法も彼は自分のものにしていました。閉所から脱出できる一本の道は今までもさまざまな学習の中で見え隠れしていましたが、それはまだ困難な険しい道でした。しかし、確かに新しい世界が始まろうとしていました。

ヴィゴツキーが一七歳になるまで過ごした町、ゴメリは地方都市であることは間違いないのですが、ある意味、この時期の文化センターでもあり、教育も文化もそれなりにあったのです。彼は、よい町で育ち、よい仲間に囲まれ、よい子ども時代を送ることができました。

第Ⅱ章　大学時代

1　二つの大学

一七歳のヴィゴツキーはモスクワに向かいました。ゴメリは交通の要所であったので、遠いとはいえ、鉄道で結ばれていました。途中で乗りかえをしても、一昼夜かけてモスクワにたどり着くことができました。ロシアの大学は秋に始まります。彼にとってモスクワ大学は、どのように映ったのでしょうか。

親のすすめもあって医学部に入ったものの興味は持てず、自分で面白いとは思ったわけではないのですが、法学部に移りました。例えば弁護士のような職に就ける可能性があったからです。ユダヤ人は公職に就けない規則があったとしても弁護士ならば定住区外で生活することが認められたからです。しかし帝国大学の医学部も法学部も、彼が学びたいと思っていた学問の道を開いてはくれませんでした。

哲学と文学への夢をつのらせつつ、彼はもう一つの大学、シァニャフスキー記念人民大学に通うことにしました。一体、その大学はどのような教育機関だったのでしょうか。それはモスクワ市の北西部ミウスキー通りにあった、言わば「自由大学」で、一般民衆に開かれた大学でした。この大学を設立したのは、リベラルな国民教育活動家アルフォンス・レオーノヴィチ・シァニャフスキー将軍（一

旧第二モスクワ大学（教育学部）

旧シァニャフスキー大学
現 国立ロシア人文大学　2015.10.2

八三七―一九〇五）の遺志と資産によって設立された大学で、ヴィゴツキーがモスクワに来た時には創立から五年が経っていました。この大学には、男女、国籍、宗教、政治信条を問わず、あらゆる学生が受け入れられ、規則にしばられない教育が行われていました。二つの部門があり、中等教育レベルの一般科学部と、高等教育レベルの学術学部です。後者はさらに歴史学科と社会＝哲学科に分かれていました。

晩秋ともなるとモスクワの街は暮れも早く雪も舞います。大学のあるミウッセ地区を歩きながらヴィゴツキーは、ここで歴史哲学を勉強しようと心に決めました。確かに帝国大学にはないものがシァニャフスキー人民大学にはありました。それにはこんないきさつがあったのです。

ヴィゴツキーがモスクワに来る少し前、一九一一年に帝国モスクワ大学では、学生騒乱事件がありました。まだ大学の自治権という考え方があった頃なので大学当局が警察出動を要請することはありませんでした。しかしユダヤ人学生の抽選制を導入した先述の国民教育大臣カッソーは、モスクワ大学に警察と憲兵を突入させたのです。学生たちはストライキで対抗しましたが、その結果、何百人もの学生がモスクワ大学から追放されたのです。同時に、国家権力によって自治が犯されたこと、学生の大量処分が行われたことに対して、多くの教授陣や講師たちがこの大学に辞表を出し、あろうことかそれが受理されてしまったのです。そしてその大部分の教官が自由大学であった、このシァニャフスキー人民大学に移ったのでした。その中にはさまざまな分野の花形教授、傑出した学者がいました。ジューコフスキー、サクリーン、チャプルイギン、コリツォフ（分子生物学）、ヴェルナツキー（生物学）、レベージェフらです。また、教育学と心理学にはＰ・Ｐ・ブロンスキーがいました。このような事情から、シャニャフスキー人民大学は、モスクワの学問の精鋭たちが教える真に最良の大学となっていたのです。

寒風の中ヴィゴツキーは思いました。ここでなら、学問をすることができる、ここでなら、まとまった考えを書くことができる、と。彼の心は、まだ慣れていない都会の雑踏の中で再び静かに燃え始めていました。

事実シャニャフスキー人民大学の雰囲気、学生や教員との交流は、帝国大学法学部の勉強よりは自身にとって意味のあるものでした。それは、すぐに形となって現れました。

もっとも、ヴィゴツキーは帝国大学法学部で何もしなかったわけではありませんでした。そこでも使命感を持ちながら学んでいました。現存する試験結果の記述によれば、在学中を通し高得点の評価を得ていたことが語られています。初年度に政治経済学で出したレポートが抜群の評価を得たことが、両親あての手紙に記され、残されています。ヴィゴツキーは在学中ずっと親に手紙を書いていました。

こうして彼はモスクワで二つの別々な大学にほぼ同時に入学し、どん欲に学び始めました。それらの教育は、将来の学者ヴィゴツキーが形成されるうえで、青年時代から芽生えていた世界観や思考方法を科学的な研究の筋道にのせる上で大きな役割を果たしたのです。二つの大学で在学中に彼が行った研究と活動については後に譲ることにし、ここでは、この時代にシャニャフスキー大学とよばれる自由大学を設立した人物について補足しておきましょう。

アルフォンス・レオーノヴィチ・シャニャフスキー将軍（一八三七―一九〇五）は、ポーランド人でありながらロシアの教育に力を注ぎました。一九〇五年十一月七日、彼は大動脈の疾患により、夕方に亡くなりました。実はその日の朝、人々を集め遺言書に署名していたのです。妻リジヤ・アレクセーエヴナ・シァニャフスカヤは遺言に従い、未来の大学の資金として自らの不動産をすべて寄付しました。夫妻は、国民の気持ちが科学や知識に向かうよう教育を普及させることが今必要なことであると考えていたのです。彼は軍人でありながら教養の高い人物でもありました。彼にはモスクワ市のアルバート通りに屋敷がありましたが、彼の遺言と遺産によって一九〇五年には、この自宅で講義が開始されたのでした。一九一二年に新しい校舎がミウスキー通りに建てられ、そこにヴィゴツキーは通いました。

エレーナ・クラフツォーワ（ヴィゴツキーの孫娘）

なお死の直前、一九〇五年九月にシァニャフスキーは国民教育大臣あてに手紙を書き、教育の必要性を強調したのですが、その際、一八八五年に一年近く日本を訪れたこと、当時の日本の沸き立つような教育活動への情熱を感じたことについて記していました。

ヴィゴツキーはシァニャフスキー大学ができるいきさつや、創設者シァニャフスキーの思いを知りえていたことでしょうし、この大学の精神や学風が彼に合っていたことは間違いないでしょう。そしてここで、ヴィゴツキーにとって自分の精神的父親であった師ユーリー・アイヘンヴァリドや教育学と心理学を教えたブロンスキーに出会うことになります。彼は卒業研究をシァニャフスキー大学で書きあげるのです。この二人の教授については後述しましょう。

現在この大学は国立ロシア人文大学（旧シァニャフスキー・モスクワ市立大学）として同じ場所にあります。ペレストロイカ直前の時期、時の学長で歴史学者であったユーリー・アファナシエフは、この大学にヴィゴツキー記念研究所を設置しました。これはヴィゴツキー研究の歴史としても画期的な出来事でした。現在その研究所を指導しているのはヴィゴツキーの孫娘、すなわち長女ギータの娘エレーナ・クラフツォーワ夫妻です。

2　二つの都市

蒸気機関車の引く列車は、モスクワを出てロシア西部に向かって走りました。ロシアの平原を過ぎポレシエ地方の近くまで来ると、ヴィゴツキーはやれやれもうすぐ故郷の地に近づくぞ、と思うのでした。

大学が休暇に入ると彼は故郷ゴメリで日々を過ごしました。ヴィゴツキーはモスクワに行きっぱなしではありませんでした。故郷の母のこと、弟たちのことが気がかりで、折にふれて手紙も書いていました。でも彼自身もゴメリには楽しみがありました。ゴメリの友人やサークルの仲間がいるし、そしてなつかしい夏季劇場にも行くことができるのでした。

レフ・ヴィゴツキーが中学生の頃から好きだったのは詩や演劇であったと書きましたが、それはモスクワに出てますます自身の生活の中に入り込んでくるようになりました。

ヴィゴツキーは列車に揺られながら思い出していました。夏になると旅回りの劇団の一座がゴメリの街にやってくるのです。常設劇場はありませんし、演目や俳優は一流どころというわけではありませんでしたが、一人一人の俳優や劇中の場面を分析することは楽しく、ゴメリで見ることができる演劇の舞台は逃したことがなかったのです。彼はモスクワ大学に入ってからも夏季休暇になれば、やはりゴメリの演劇を見にいきました。そして自分なりの意味づけ、批評を書いていたのです。一九一二年から一六年ごろのゴメリの地方紙にその演劇批評を見つけることができます。

モスクワでは、当然、演劇に対する愛着は強まり、モスクワ芸術座には何度も通いました。それは彼にとって大学で得る学びとは違った生活の学校となっていました。大都市の生活に身を委ねるだけではなく、大都市ならではの自分の居場所を見つけていたのでした。わずかな時間もむだにせず、自分のものにしていたのです。モスクワ芸術座ではプーシキンの戯曲「小さな悲劇」や「カラマーゾフの兄弟」、「ニコライ・スタヴローギン」の舞台はモスクワの演劇界にとっては事件であり、ヴィゴツキーにとって多くのことを考えさせる生きた教材となりました。

すぐ下の妹ジナイーダ・セミョーノヴナも彼が入学して二年後やはり兄と同じモスクワにやってきました。二人はプレスチェンカで共同生活をしました。そしてともにグスタフ・シペート先生の下で学びました。妹も兄と一緒で面白い舞台は一つも見逃すまい、と考えていました。一番安い席で満足でしたし、階段や立ち見であろうと、舞台上で進行することをじっと見つめていました。

やがて歩む心理学への道の途上で、学生時代の学びは大きな影響を与えたと考えるのは自然でしょう。好んで読んでいたドストエフスキーの作品とその舞台演劇は、直接、心理学への道を開いたというよりも、文学・演劇芸術に描かれているのは人間の内面の動き、すなわち心理学であることに確信を持つようになったのでしょう。そしてこの若き学生時代に、グスタフ・グスタフォーヴィチ・シペート（一八七九―一九三七）教授のもとで学んだこともやがて、ことばと人間の内面との関係の研究にヴィゴツキーを誘ったに違いありません。この先生には大学の講義でも、私的な関わりとしても教えを受けていました。ロシアの心理学史には登場してこないシペートとはどのような人物であったのでしょうか。

一般に、シペートはロシアの哲学者、心理学者で、芸術理論家、および哲学、芸術分野の翻訳家で、一七の言語を知っていたと言われています。やがて、国立芸術学アカデミー会員となり（一九二二）同副総裁になります。ヴィゴツキーが教えを受けたのは、シペートがシァニャフスキー大学で講義を始めて（一九〇七）、さらに一九一八年からモスクワ大学で教え始めた頃でした。この人物は、すばらしい講義者で博学であり、明確で情け容赦しない論客で、目立った哲学者でした。名高い活動家であると同時に、定説に対しては独自の逆説をもって揺さぶりをかける論理学＝哲学サークルを主宰していました。俗な「心理主義」に異を唱え、明確な認識理論を求めた人物でした。

シペートはキエフに生まれ、キエフの帝立大の物理＝数学科に学ぶも、学生運動に加わり追放され、復学すると今度は歴史＝哲学科で学びます。ここでG・I・チェルパーノフ教授、のちの心理学研究所長の心理学ゼミに、シペートはブロンスキーとともに参加しています。シペートは一九〇六年にはギムナジウムの教官として、後の著名な女流詩人アンナ・アフマータワを教えています。ソルボンヌやエジンバラの大学にも行き、一九一二年から一三年までゲッチンゲン大学に籍を置きフッサールから現象学を学びロシアに持ち帰りました。また一九二一年から二三年までは第一モスクワ大学の哲学研究所の長をしています。

幼なじみで中学生の頃歴史サークルの同人だったセーニャ・ドープキンもモスクワ大学の学生となり、シペート先生のゼミナールで学んだのですが、その進め方が、ゴメリの中学生の時、歴史研究サークルを指導したヴィゴツキーのやり方と同じだったのでとても驚いた、と述べています。ヴィゴツキーとシペートは出会う前から同じ方向を向いていたのかもしれませんが「ことばの内向的形態」「歴史と論理学」「民族心理学」「美的心理学」など共通する問題意識を見出すことは容易です。社会・文化的な「物」としての「言語」など、ヴィゴツキーの研究は、シペートの影響を強く受けていると言えるでしょう。しかし、ヴィゴツキーの著作においてほとんどシペートは引用されたり、記述されたりしていません。実はシペートは、二〇年代後半からマルクス主義的ではないとして冷遇されるようになり、一九三五年には拘束され、三七年に銃殺刑に処せられる運命にありました。ヴィゴツキーは自著において、詩人の何人かの名前を伏せたのと同様、シペートの名前を出すことができなかったのかもしれません。

ヴィゴツキーの学生時代に話を戻しましょう。シペート先生に学ぶ一方、多くの舞台を見つめる日々をモスクワで送っていました。

そのような舞台のうち「ハムレット」は中学生時代から彼が興味を持っていた作品でした。そしてその頃から、自ら「読者批評」と呼んでノートにメモを書き込んでいました。そしてそれは誰にも見せたことはありませんでした。一九一五年、ある「ハムレット」の舞台を観たとき、最初の批評論文（エチュード）をついに最後まで書きあげました。その舞台とはモスクワ芸術座でした。それはイギリスの舞台監督ゴルドン・クレーグによる「ハムレット」の演出でした。伝えられるところによれば、その舞台に装飾は一切なく、道具や装置もなく、観客は一点に集中しました。いわゆる非写実的演出です。ハムレット役を演じたのはV・I・カチャーロフ（ヴァシーリー・イヴァノヴィチ、一八七五―一九四八）でした。光と影があるとすれば、影の演出が行われ、観客は光を自らの印象として感じ取ったのです。このことはヴィゴツキーを揺さぶる出来事であったに違いありません。監督クレーグは「ハムレット」を神秘劇としてとらえ、時系列とそうでないものに分けて進行や動きを一般化しようとしました。ハムレットの内面世界と、宮廷のきらびやかな外見的世界を表現しようとしました。言いかえれば「ハムレット」の劇を幻影化し、悲劇の意味を心理的なものと物理的なもののせめぎあいに置いたのです。つまりハムレット王子は理想精神の表現者なのですが、周囲の人々によって人格化されるものの、物欲的世界に困惑するのです。

ハムレット役のカチャーロフの演技は、社会不安の時代にあって役の内部に秘められている疑惑の深みや不正に対する不満の力動といったものを表現したのでした。ドストエフスキーやそのほかの戯曲作品においても成功を収め、彼の演技力は当時の社会を非難する役割において作者の意図を超えた抜きん出た形象となりました。

ヴィゴツキーが生涯愛した「ハムレット」、および関連著作についての物語は、別の所で述べることにし、彼の学生時代において、彼自身にとって学都モスクワと故郷ゴメリの二つの都市はどのような場所だったのかについて話を戻しましょう。

一九一四年モスクワにはA・Ya・タイーロフの主宰する新しい劇場が開かれ、ここではいわゆるスタニスラフスキー・システムとは違った考え方で舞台が試みられ、ここもヴィゴツキーの愛する場所になりました。

モスクワでは大学での自分の学業を続けながら、図書館に通い、また興味のある先生を訪ね、そのもとで勉強をしました。この時も妹ジナイーダが一緒でした。特記すべきことがあります。それは大学生でありながらヴィゴツキーは雑誌「新しい道」の発行に関わる仕事の補助員をしていたことです。そして一九一六年以降、「新しい道」や「年代記」、「新生活」といった雑誌には「L・S」「L・V」というイニシャルをいくつも見つけることができます。

ヴィゴツキーの文学批評の力量が形成される上で大きな役割を果たしたのは、A・M・ゴーリキーが創刊した当時の進歩的な月刊雑誌「年代記」（一九一五―一七）だったと言えるでしょう。この雑誌の文献解題欄では、ブリューソフ、ゴーリキー、マヤコフスキー、ベールイらについての、ヴィゴツキーの記事があります。学生時代に書いた批判・展望記事には若々しさがあり、円熟したものではないにせよ、ある特徴がありました。作品を分析し、演劇、映画、絵画、芸術に向きあいながら、大胆で自由な考えを示し、それは読者に、「なるほど！」と思わせる指摘でした。つまり、これらの文化的・芸術的作品に対して彼は、心理学的な視点からみて不十分な点を指摘していたのです。一見、美しい文章も、現実的ではないもの、心理学的ではないもの、人間の現実生活が織り込まれていないものはヴィゴツキーにとって、地に足がついていないような、ふわふわした作品でしかなく、登場人物は人間の形をした絵カードの類と同じで、生き生きした意志のある、意識を持った「人格」には思えなかったのです。

法学部に籍を置き、歴史哲学を学び、文学・芸術に関心を持つ大学生ヴィゴツキーには既に心理学への志向がはっきり現れていました。一言で言えば、彼の関心のあるものすべては「人間の心理学」が底流となっているものなのでした。しかし、彼はどこかで心理学を専門科目として履習したのではありませんでした。とはいえ総じて彼が学生時代に書いていた雑誌記事は、大学生の「腕だめし」的な投稿の域をはるかに超えていたということができるでしょう。

ゴメリに帰省すると友人たち、昔の仲間と語りあいました。詩も、当時の青年たちにとっては生活の一部でした。ヴィゴツキーは日常会話の中でよく何かの詩を詠みました。会話が途切れると詩を詠みました。静かに、ささやくように。まるで独り言のように詩を詠むヴィゴツキーのそばには、中学生時代にも人が集まりましたが、大学生になって帰省すると、本人もそれが楽しみであり、周囲の友人たちもモスクワの話と、彼の批評、そしてこの独り言のような詩をきくのが楽しみでした。

彼の好きな詩は、一般的に多くの人が好むものとは違っていた、とセーニャ・ドープキンは回想しています。丸暗記ではなく、自分の選んだ行や節だけを詠むのでした。セーニャは、こんな話を伝えています。モスクワ大学から休暇で帰省したとき、プーシキンのあまりポピュラーではない詩の一節を示し、「ほら、セーニャ、ここだよ、この詩のこの一節は……」といい、すばらしい声で詠んでくれ、そして言ったそうです。「これはもう性行為の描写そのものだよ。でもね、どう思うかい？芸術とはそれを、まったく別物のように感動的に表現することなんだよ」と言ったのです。帰省した折、ゴメリの街角でヴィゴツキーは友人たちと、芸術とは何かについて話していたのでした。

また、この頃友人たちとよくしていたのは、彼らが「文学裁判」と称していた「遊び」でした。ある作品中の事件について、それぞれが裁判官、弁護士、検事の役をして劇を再現するというものです。ヴィゴツキーは「これらのどの役でもなれるよ」といい、それぞれの立場に立って論を展開してみせた、ということです。これには、友人のセーニャ、従兄のダヴィド、そしてのちに本書で登場する、ヴィゴツキーに大きな影響を与えたもう一人の人物ウージンらが参加していました。作品を知り尽くしていたヴィゴツキーは、誰が正しいか、ではなく、どの人にもそれなりの理がある、ということを理解し、犯人探しをして決めつけるのではなく、それぞれの人物の真相を知ることを大事にしました。物事を一面的に見ない彼の姿勢は、こんな所でも示されていて、それは生涯を通して変わりませんでした。

モスクワとゴメリ。二つの都市は彼にとって結びついていました。理論を実践化したり実践を理論化するために二つの都市は彼にとって重要だったのです。

プーシキンに次いで好きだった詩人は、アレクサンドル・ブロークでした。そしてフョードル・チュッチェフ……。詩を愛好する仲間はモスクワよりも、ゴメリの仲間、姉や妹の友人、従兄弟たち、ギムナジウム時代の友だちでした。彼が良き相談相手になったことは当然であったでしょう。この頃には彼が好意を寄せる人もいたでしょうし、彼に好意を寄せる人もいたことでしょう。それはモスクワの人々ではなく、ゴメリの人々でした。

その中には子どもの頃よく遊んだ幼なじみもいました。特に詩が好きだったのは、ナジェジタとオリガの姉妹でした。この二人の母ソフィヤは昔ゴメリの住人でヴィゴツキー家と付き合いがあり、少年ベーバ・ヴィゴツキーや彼の姉妹とナジェジタとオリガ姉妹は、遊び仲間になっていました。結婚してキエフに住んでいるソフィヤが時々里帰りに娘二人を連れて来ていたからです。

一九一五年から一六年にかけて、モスクワからヴィゴツキーが帰省した夏、今度は成長した若者として、また詩を愛する仲間として再会したのでした。姉のナジェジタとヴィゴツキーの間には、ちょっとしたロマンスの花が咲きましたがナジェジタについては、その後ヴィゴツキー家に起きた悲しみについて述べるところで、もう一度、登場してもらいましょう。

モスクワでは、講義・ゼミナール、図書館での学習、好きな科目の受講、一流の講師や学者たちとの交流、文学雑誌の仕事、劇場通い、詩への没頭……社会の状況は暗くなる一方でしたが、彼の大学生活四年間はどん欲に学べるものを探し求めることができた充実した年月でした。でも優秀であろうともユダヤ人卒業生に定職のあてはなく、法学部にいたことさえ意味がなくなる大きな変化がこの国で始まろうとしていました。

いずれにせよ、これ以上ない大学を二つ同時に卒業したヴィゴツキーは、一九一七年、蒸気機関車の引く列車に揺られ故郷ゴメリをめざしました。家に戻るしかなかったのです。

一九一三年から一九一七年にかけてロシア社会には不穏な動きが大きくなりつつありましたが、ヴィゴツキーはゴメリ出身の学生として全生活を自分でつかむことができ、好きな勉強を中央の教授たちから学びとり、羽ばたこうとしていた自分の夢がかないそうな時を過ごしました。とりわけ演劇や文学の面では存分に学ぶことができました。

一昼夜かかるゴメリとモスクワの往復は苦ではありませんでしたし、ゴメリに向かう時は家族や友の顔を思い浮かべ、モスクワに向かう時は劇場や二つの大学を思い浮かべていました。しかしロシアには革命が起きようとしていました。

第Ⅲ章 芸術心理学への歩み

1 読者批評ノートから卒論へ

学生時代、劇場通いを重ねつつ、また文学作品に触れるたび、「読者批評」と称してヴィゴツキーはメモをたくさん残していました。それは中学校に編入したころからの習慣でした。そのノートを誰にも見せなかったのは、そこには自分の発想した分析視点や、なぞ解きの鍵が記されていたからでしょう。自分で、自分の思考の日記をつけていたのです。『ハムレット』も彼が中学時代から興味を引きつけられていた作品の一つでした。ですから書物としてのハムレットは何冊も読み、自分の読書批判ノートに書き続けていました。

自由大学シャニャフスキー大学を卒業するにあたっては、卒業論文として自分が最も愛し、最も研究した『ハムレット』をテーマにしました。それは一二冊のノートを埋め尽くす大作です。それには二つの稿が確認されています。草稿とも言うべき第一稿は、一九一五年八月五日から九月十二日にかけて書かれました。それはヴィゴツキーが夏季休暇にゴメリに帰省した時期です。もう一つの稿、「第二稿」と言われたり「最終稿」と言われたりしますが、それは一九一六年二月十四日から三月二十八日にかけてモスクワで書かれたものです。第一稿と第二稿は性格的に違いがあります。前者は自伝的な要素があり、ヴィゴツキー自身の開放と個人の完全な姿が表現されています。後者はのちに、実は彼の死後かなりの年月を経て発行された『芸術心理学』に一つの章として含められたものです。見方によって、それぞれは別の著作とする方が妥当かもしれません。一九一六年の稿以降の著作はすべて、「第一稿ハムレット」のような個人的性格はありません。私的な性格を持って完成した草稿を、より研究的な性格を意識して書き直したのかもしれません。

ヴィゴツキーはハムレットを生涯、愛し続けました。彼の書庫にはシェークスピアの作品とその分析に当てられたたくさんの著作が残されていました。ハムレットに関する資料はていねいに収集されていました。この不滅の悲劇をヴィゴツキーは原作でも翻訳でも、何度も読み返し、ほとんど暗記していたと言われています。ただ彼の持ちものであった多くの書物は戦争の時期、暖を取るため薪の代わりになったり、直接、砲撃にさらされてしまったとも伝えられています。

大学卒業時の著作でありながら、完成度の高いヴィゴツキーの研究は、第二稿にあたる著作『デンマークの王子、ハムレットについての悲劇。ウィリアム・シェークスピア』です。この研究が印刷物として世に出たのは、何と五二年も経って『芸術心理学』の第二版が一九六八年に刊行されるまで待たされる運命にあったのです。その初版は一九二五年のモノグラフ『芸術心理学』ですが、その中では部分的に用いられているだけです。この芸術心理学の原稿は、シァニャフスキー大学の文学者ユーリー・アイヘンヴァリド（一八七二―一九二八）と、映画監督セルゲイ・エイゼンシュテイン（一八九八―一九四八）とにその運命を預けることになります。

ここでは卒業論文となった『デンマークの王子、ハムレットについての悲劇。ウィリアム・シェークスピア』（第二稿）から、はじめの部分を紹介しましょう。これはタイプ打ちされた著作です。この原稿は数奇な運命が待ち受けていました。一部はシャニャフスキー大学の文学者でヴィゴツキーの後盾となったユーリー・アイヘンヴァリドに、もう一部はのちにモスクワで知り合い、親友となる映画監督セルゲイ・エイゼンシュテインに託され、ヴィゴツキーの死後三〇年して世に出たのです。アイヘンヴァリドとエイゼンシュテインは、後でもう一度、本書に登場します。

『ハムレット』は次の文で始まります。

日々のはてしない時間の循環のなかに、明るい時間と暗い時間の無限の鎖のなかに――あるきわめてあいまいな、漠然とした、とらえがたい、昼と夜の境がある。夜明けの直前に、既に朝は来てはいるがなお夜である刻がある。夜の昼へのこのおかしな移り行きほど神秘的でわかりにくい、不可思議であいまいなものはない。朝が来た――しかしまだ夜である。朝はまわりに溢れる夜のなかに沈んでいるかのようであり、夜のなかに浮かんでいるかのようである。おそらくは一秒の何分の一か続くだけのこの刻に、すべては――一切の物体と人間は――夜的なものと昼的なもの、朝のなかでのものと夜のなかでのものと、二つの異なる存在、あるいは一つの二分された存在のようなものをもっている。この刻に、時間は不明瞭なものとなり、それは地くずれのおそれのある沼地のようである。時間のあやしげな掛布は、ほころび、穴を開けるかのようである。この刻の、悲しげな、異常な、表現しがたい神秘性は恐ろしいほどである。朝のようなものはすべて、薄闇の縞目の彼方にあらわれ、見える夜のなかに沈んでいる。一切がぼんやりとして明らかでない、不安定なこの刻には、言葉の普通の意味での影は存在しない。地面に投げられる、明るい物体の暗い影は存在しない。しかしすべてが影のようであり、すべてがおのれの夜的な面をもっている。それは――最も悲しげで神秘的な刻である。時間の喪失の、時間のあやしげな掛布の裂ける刻である。その上に昼の世界が舞い上がったあの夜の深淵の露出の刻である。すなわち夜と昼の刻である。

デンマークの王子ハムレットについての悲劇を読み、あるいは見る時、魂はこのような刻を体験する。観衆あるいは読者の魂はこのような刻のなかにしばしば沈む、なぜならこの劇自体がこの刻を標示し、この刻に似ているからである。両者の魂は一つである。永遠にとらえられぬままに残るであろうその本質そのものにおいて、説明しがたく神秘的であり、きわめて理解しがたく不可解な悲劇。精神が高いリリカルな和声に整調されている時にそれは、忘れがたく記憶に残り、とらえがたいが永遠に作用する痕跡を留め、味わったことのないほどの痛みをともなって心にいやしがたい傷を与えることがある。しかしそれは言葉では表しえないものであり、それは魂の深所の苦悩であり、最もひそかなる傷である。その傷の痛みは――語りえぬ、言葉になりえぬ、表現されえぬ痛みなのである。

（峯俊夫訳『ハムレットその言葉と沈黙』国文社　一九七〇、四一―四二ページより）

ヴィゴツキーは自らの文体を用いて、芸術的分析と、その構造を明らかにしています。『ハムレット』では「昼」と「夜」の側が互いに呼応しています。しかも、それがことばによる表現ではなく、逆に沈黙による表現であることを明確にし、昼の側はセリフ、舞台、登場人物として示され、夜の側は観客の心の中で広がって行き、ハムレットの最後のセリフ「残ったのは、沈黙だ」によってはじめて、観る者に理解されることを示しました。

ヴィゴツキーのこの卒業研究は、やはり心理学研究というより文学・芸術分野のものと見るべきでしょう。しかし彼の研究は始まったばかりのようにも見えますが、最終の研究書『思考と言語』の中の一章のように思えるのは、不思議であり、驚くべきことです。まるで自分の最後の著作の構想を既にこの頃卒業研究の中で描いていたかのようです。文学と心理学をつなぐ人間の「内言」の存在や意味を既に学生時代に気づいていたのでしょう。

2　再びゴメリへ、革命・内戦・そして病

大学での学びが一定の満足感を持って終わったとしても、ヴィゴツキーは晴れ晴れとした気持にはなりませんでした。大きな不安が自身の回りには二つありました。自身の将来と家族の病気です。外的にも不安がありました。革命とそれに続く外国の干渉、内戦です。

一九一七年、そうです。この年にヴィゴツキーは大学を卒業しました。それは二月革命後から数か月のちのことでした。革命がすべての人々に重大な影響を与えたことは間違いありません。ロシアで

この革命の影響を受けずに生きるのは不可能だったのです。もちろん、ヴィゴツキーは革命を希望とともに迎えたでしょう。しかしそれは政治的に舞い上がった高揚ではなく、将来の可能性に対する期待でした。革命直後の数か月の間に彼が記した小冊子がありますが、それらは「自身」の考えではなく、さまざまな革命政党の見解でした。例えば「ロシア社会革命党は何を望んでいるか」というようなものです。もとよりヴィゴツキーの関心は政治闘争や政治そのものにはなく、人間のありようこそを見つめていたのです。ユダヤ人の歴史を研究した彼は、権力より個人の心理の方が重要であったのです。

記録によれば、卒業後、一時的にサマーラで過ごし、知り合いを訪ねていたようです。自分の職を求めてのことか、混乱を避けようとしたのか、分かりませんが、サマーラの地方紙に演劇批評を残しています。地方にこそ真実を求めていたとも思われます。モスクワや近くの主要都市には十月革命が迫っていました。

一九一七年、十月革命が起きました。ここでは目をゴメリに向けましょう。その時ヴィゴツキーはゴメリ市に戻っていたのです。ロシアはもちろん、周辺諸国にも不気味な雰囲気が漂っていました。辺境には辺境なりの不安がありました。「何時、何が起こるか、誰もわからない」空気を、息を殺して吸っていたのです。ゴメリから遠くない所にポーランドとウクライナがありました。ゴメリは交通の要所であったがために、まもなく戦闘地になり、ゴメリ市が翌一九一八年初めドイツ軍によって占領され、一方でウクライナの一部として併合されたことは前に書いたとおりです。半ドイツ・半ウクライナ的な圧迫状況下にありました。この時代のゴメリ市民だった人々の証言によれば、最も重苦しい時代で、町中が飢えと破壊の場と化し、占領者が入れ替わり立ち替わり強奪をくり返し、あちこちには、対抗するいろいろな武装集団がいる、という最悪の条件がそろっていました。一般の住民に何ができたでしょう。

ただじっと身を潜めるようにして待っているしかないこのような動乱の地で、モスクワで大学教育を終えて戻ってきたヴィゴツキーに定職を見つけることなどできるわけがなく、一方で家族を置いたまま自分だけどこかより安全な所に行くこともできませんでした。ゴメリで可能な仕事、自分が重荷とならず、いくらかでも稼ぎになる仕事は、個人教授を掛け持ちすることでした。家族の状況は非常に困難になっていたのです。

ヴィゴツキー家には、やっかいな問題が起きていました。それは結核という病気です。まだ予防方法が確立していない時代、この病気は多く人々にとって、逆に「身近」な病気であったとも言えます。実はこの時期、重い結核に罹り、床を離れたばかりの母親ツェツィリヤを看病していましたが、一番下で一三歳の弟ドディクも感染し危険な状態であったのです。そして、この弟からヴィゴツキー自身も結核を患うようになったのです。内戦の動乱が始まっていた街での家族の一家感染は絶望的でしたが、一筋の希望がありました。医者の助言によって、クリミヤの保養地に行って転地療法をしようと母は決心しました。一番下の男の子を何とか救いたいという、何かせずにはいられない気持ちは、兄ヴィゴツキーも同じでした。母と弟の二人だけで行かせることもできず、ヴィゴツキーも同行しました。

作家イーゴリ・レイフは、この頃のことを次のように表現しています。

「……でも当時、分別のある住民たちは、自分たちの『家庭要塞』の四面の壁に身を潜めて暮らしていました……」

クリミヤまでの道はキエフを通ります。列車がスムーズに走ればキエフまでは五～六時間の距離ですが、当時の移動はさぞ困難であったでしょう。危険だらけの騒乱がひんぱんに発生しているウクライナへは何とか入ることができ、三人は中心地キエフまでたどりつきました。だが残念なことに弟の状態はひどく悪化し、キエフで入院せざるを得ませんでした。ヴィゴツキーと母親は病院の近くに部屋を取りました。なるべく長く、その子のそばにいてあげられるように、と。ドディクは少し回復しましたが、もうクリミヤまでは無理だから、ゴメリに引き返した方がよいと、キエフの半プロレタリアート地区で貧しい人々を相手に開業医をしていたジーメル・アブラモヴィチ・プレスマン医師が勧めました。（作家イーゴリ・レイフ氏の母方の祖父、一八六七—一九三四）やっとの思いで三人はゴメリに戻りました。ドディクの結核は重い型で、一年間、この病気と闘っていましたが一四歳でその生涯を終えました。母も結核でしたので弟の世話や家事という日々の重労働を引き受けたのはヴィゴツキーでした。悲しいことは続き、中の弟も、それから一年間も経たないうちにチフスを発症し亡くなりなりまし

イーゴリ・レイフ

た。母はひどく沈んでしまいました。

大学から帰郷後の一年目は、重苦しい街の状況、占領や飢えという悪条件の下で、職に就けず、身内の病気、可愛がった弟二人の死という運命と、折り合いをつけざるを得ない日々を送ったのです。二一歳のヴィゴツキーは相次いだ二人の弟の死に際し、ブーニンとボリス・ザイツェフの物語集の本を、母親に次のような一文を書き添えて贈っていたということです。

「ある霧の深みから別の霧の深みへと日々は進んでいきます。そのような中で私たちは生きています。でも遠ざかった者たちも私たちと一緒にいるのです」

革命後ゴメリでもキエフでも地方都市では内戦が人々の生活を困難にしていました。大学を終え故郷に戻ったヴィゴツキーを待っていたのは、人々の争い、病気と死、息をひそめて暮らす市民、混乱した社会でした。そして二人の弟の死後、半年して誰よりも自身が感染してしまった結核は、この先ずっと彼につきまとうことになるのです。このような重苦しい中にあってもヴィゴツキーは妹たちに配慮を忘れず、時にはチュッチェフの詩集や劇場のチケットをプレゼントしていたのでした。

3　キエフ、出会いと別れ

クリミヤに向かおうとしてキエフまで来たものの前述のような事情から、弟の入院治療の間、数か月間、この町で過ごすことを余儀なくされました。クリミヤへは行かずにゴメリに戻ることを勧めたプレスマン医師以外にも、ここではいくつかの出会いがありました。というよりも、ヴィゴツキーはこんな状況の中でも誰かに会い、何かできることを捜さずにはいられなかったのでしょう。

医師プレスマンの妻ソフィヤが昔ゴメリ市民であったこともあり、彼らの娘姉妹ナジェジタとオリガはヴィゴツキーと同年代でした。姉のナージャ（ナジェジタの愛称）は詩が好きでしたのでヴィゴツキーとは気が合いました。この姉妹は幼い頃、革命前までゴメリに母が里帰りする折に同伴していました。二人の間に若者らしいロマンスがあったと前に書きましたが、ここでその続きをお話ししましょう。

一九一七年にモスクワから再びゴメリに帰ったヴィゴツキーは、一九二三年までゴメリで自分のやるべきことを尽くしました。母や家族の看病、転地療養への旅、二人の弟の死、そして休むことのない仕事……。

ヴィゴツキー自身の結核は言うまでもなく家族性で弟から感染したのですが、ヴィゴツキーはその危険性を覚悟のうえで看病していたに違いありません。そして自分が病いであることをかなり早い時期から気づいていたのでしょう。そんな困難や苦しみに立ち向かいながら、それでも先に先に進もうとするヴィゴツキーの姿を見つめている女性がいました。

一人はナジェジタ・ジーメロヴナ・プレスマナ（のちにはフリードマナ）です。療養地クリミヤを目指して母と弟とキエフまで行きそこで、無理せずゴメリに引き返すよう助言した医師プレスマンの娘です。彼女たちの家はキエフにありましたが、母はゴメリに住んでいた時代があったので一九一五年、一六年の夏にゴメリに来て過ごしていました。親戚の家に来たのです。もっとも、もっと幼い時にはゴメリによく来ていたり、一時的にそこで暮らしていたとすれば、ヴィゴツキーとは幼なじみの間柄と言えます。一九一五年、一六年の夏にはモスクワから大学生になったヴィゴツキーも帰省したのでゴメリで会っていたのでしょう。革命が起きるとナジェジタとその妹たちはキエフから動けませんでした。そして、母と弟を連れてキエフにヴィゴツキーが来たとき、二人は再会したのです。ナジェジタも詩を愛する女性でしたので、互いに引き合うものはあったのでしょう。ヴィゴツキーは彼女から自作の詩集を受け取りました。

二二歳のヴィゴツキーは、母と弟を連れ飢えと混乱の中、彼女の愛を受けとめることができる状況ではなかったと思われます。加えて自分自身が結核に感染しているかもしれない不安と、まだ定職の仕事がなく収入も乏しく、今後も結核の家族を支えていかなければならない自分の今の身の上を思えば、自分たち家族に助言してくれた医師の娘との交際にブレーキをかけざるを得なかったのかもしれません。キエフでは何度も会えたのですが……。

そして再びゴメリに戻るためにキエフを去る日、彼はアレクサンドル・ブロークの詩集をナジェジタに贈りました。その本には、もともと彼女が作った詩の最後の二行を暗号化したイニシャルがヴィゴツキーの自筆で書きこまれていました。それは、「私の道端の草」という詩です。最後の二行は、

「愛よ、おまえにありがとう。
　私の負った傷よりも深い愛に」

です。ヴィゴツキーの自筆の書き込みは

Б. Т. Л. З, М, Н, Рとなっています。

（無理して日本語文を記号化するならば　あ、お、あ、わ、お、き、ふ、あ、となる＝著者）

これは、昔、貴族たちが互いの言いたいことを頭文字だけで伝えるセクレティエールという戯れの技法ですが、トルストイの「アンナ・カレーニナ」にもそのシーンが出てきます。

ヴィゴツキーは、これを用いてナジェジタに別れのことばを伝えたのです。しかも彼女が創作したある詩の最終節を使って。ナジェジタは、その後、別の人と結婚し、フリードマン姓になります。

こうしてベーバとナージャの思いは結ばれることなく、二人は別々の人生を歩むことになりました。二人の別れの日でした。しかし、運命は二人をその後も会わせました。しかし互いに家族ができた後、お互い遠い人同士になってから、一九二四年にモスクワに再び来てからのことでした。レフ・ヴィゴツキーは、その後も幾度かナジェジタ夫妻が暮らす家を訪ねていたということです。

ナジェジタとその夫フリードマンは、一九二一年八月、最も困難な時代に、ヤミ屋でぎゅうぎゅう詰めの列車にのり込み、途中の町では蒸気機関車用の薪を買い集め、何日もかけてやっとのことでモスクワにやってきました。そのあと二人はモスクワの文学ボヘミヤンの世界に入り込みましたが、やがてフリードマンは反革命組織に関与したかどで拘束された後カザフスタンに収容所送りとなりました。ナジェジタはモスクワ大学文学部を卒業し外国文学図書館で職を得て一九五六年まで生きました。外国詩の翻訳をしていたと伝えられています。ナジェジタの甥にあたる作家イーゴリ・レイフ氏によれば、ナージャはヴィゴツキーと交際していた青春時代について、彼の自筆サインの入った本のことも、彼と会っていたことも誰にも一切話すことはしなかったということです。

ヴィゴツキーを見つめていたもう一人の女性、それはゴメリに住んでいたローザ・ノエヴナ・スメホーワ（一八九九―一九七九）でした。のちに妻になる女性です。ローザはヴィゴツキーより五歳年下でしたが、ヴィゴツキーの講義や読書会、文学の夕べ「我々の月曜日」に参加していました。ヴィゴツキーが公的にも私的にも張り切って仕事をしていた時期を見つめていた人でした。この女性について、ヴィゴツキーに関するこれまでの伝記の中で詳しく書かれることはありませんでした。

A・A・レオンチェフによれば、彼女は、一九二四年二月にヴィゴツキーがモスクワに向かったあと、少し遅れてやってきました。追いかけるようにして。二人の間にどのような約束があったのか分かりませんが、病気がちなヴィゴツキーを支え、やがて親族が同居する大家族のモスクワ生活を支えた人物であったことはまちがいないでしょう。

一九二四年にモスクワにやって来たローザは数か月後、二五年に年が変わってからしばらくして女の子を出産しました。それは五月九日のことでした。ギータ・ヴィゴツカヤ（一九二五―二〇一〇）です。さらに一九三〇年には次女アーシャ（一九三〇―八五）を産んでいます。それは一〇月二日のことでした。夫妻が最初に暮らし始めたのはモスクワのマホーヴァヤ通り九番地でした。二人の家は当時の実験心理学研究所の建物の地階にあった居住室でした。ヴィゴツキーが、どのようにしてこの研究所で働くことになったのかについては、もう少し先でお話ししましょう。

キエフに病気の母と弟と滞在中の数か月間、ヴィゴツキーにはほかにも詩人や文学者との出会いがありました。まだ駆け出しであった詩人イリヤ・エレンブルク（一八九一―一九六七）がいました。知り合いとなった二人は、しょっちゅう出会っていました。また、かなり年上の人物ですが、アレクサンドル・オシポーヴィチ・マコベリスキー（一八八四―一九六九）という反骨的な哲学者とも知り合いました。さらに、ペンネームではレフ・シェストフ、本名シュヴァルツマン・レフ・イサコーヴィチ（一八六六―一九三八）とも知り合いました。ヴィゴツキーは、この実存主義哲学者をずっと前から、ハムレットを書くために著作を読んで知ってはいましたが、キエフに来て知人を通して接触することができたのです。シェストフにはトルストイ、ニーチェ、ドストエフスキー、チェーホフに関する著作があり、ヴィゴツキーにとっては会ってみたかった人物であったにちがいありません。

4. ヴィゴツキーの「ゴメリ症候群」的な仕事

クリミヤ行きを断念しキエフから戻ると、やがて社会状況は好転しました。ロシア西部において、ドイツ軍の勝利が見えたかに思えたとき、イギリスの戦車隊がドイツ軍の前線を突破し、ドイツ軍はベラルーシやウクライナから撤退せざるを得なくなりました。

一九一八年が終わり、年が明けた一九年の一月初め、ゴメリ市はドイツ軍から解放されると、ソビエト政権が樹立され都市は復興の時を迎えたのです。ゴメリ県が設置され、旧モギリョフ県、チェルニゴフ県の一部が併合され、ゴメリ市が新しい県の中心地となりました。つまり諸機関が整備され、学校、職業・技術学校、中等専門学校、労働者のための予科学校など、ソビエト体制の教育網が成長し始めました。

これはヴィゴツキーたちのようなユダヤ人の知的な若者たちには、仕事の場としてめったにないチャンスとなりました。ヴィゴツキーも従兄のダヴィドも学校関係職（当時「シュクラプ」と呼ばれたのですが）に就きました。ヴィゴツキーの仕事は、開設後間もない「労働学校」から始まりました。

この間の事情には少し説明を加えましょう。旧社会の古手の教員たちがサボタージュをして学校の活動や機能が中断していたのです。ヴィゴツキーたちや新しい社会主義学校を創ろうとする人々が、このサボタージュを突破したのでした。ヴィゴツキーやダヴィドは文学を教えました。歴史や文学の授業をすることは面白く、個人教授よりは達成感があったでしょう。そしてさらによいこととしては、ヴィゴツキーらの要求がかなってゴメリに教員専門学校が創設されたことです。そこには哲学のポストはないかもしれませんが、彼がずっと関心を持ち続けていた心理学のポストが用意されていたのです。それはゴメリで望める仕事としてはとびきり良い仕事でした。彼は、一般心理学、実験心理学、児童心理学、教育心理学を受持ちました。ほかにも初等教員養成所、各種教員講習会等で仕事があり、ざっと挙げると一九一九年から一九二三年にかけて次のようなところで、さまざまな科目を教えています。書き出してみましょう。

1. 第一ソビエト労働学校（ロシア語及びロシア文学）
2. 初等教員養成学校（論理学及び心理学）一般心理学（児童心理学／教育心理学／実験心理学）
3. 印刷技術専門学校（ロシア語及びロシア文学）

4．金属技術専門学校（ロシア語及びロシア文学）
5．県政治・啓蒙家のための夜間講習（ロシア語及びロシア文学）
6．就学前児童教育者のための社会教育講習（論理学／心理学）
7．夏期教員資質向上講習（論理学／心理学）
8．労働者予科講習（ロシア語及びロシア文学）
9．農村大衆文化活動家講習（美学）
10．国民音楽院（美学／芸術論／哲学入門）
11．心理学研究室室長。心理学の諸問題に関する常勤講師および相談役。

これだけでも大変な仕事量です。しかし無職だったころには比べものにならないほどの充実感が生まれました。彼の生活の中に「教える」とか、「生徒」という概念が住み込んできたのです。彼の教え方は人気がありました。ゴメリでは「優秀な教員コンクール」が催されました。それは地方紙「ポレシエ・プラウダ」が国民教育機関との共同で行ったイヴェントです。中央紙「プラウダ」でやっていたことを地方で模倣したものです。このコンクールに出る資格があると思われる教師を推薦して、その氏名を編集部まで送れ、というものでした。一九二三年、五月二十二日付の「ポレシエ・プラウダ」には、ゴメリ県優秀教員のリストに、K・リプクネヒト記念第二学校の講師L・S・ヴィゴツキー先生の名前がノミネートされました。最終結果は伝えられていないのですが、推挙されたということからだけでも、彼の教育方法が生徒たちにとってよいものだったという証拠になるでしょう。

大学を終えてゴメリに戻り、さまざまの学校で直接生徒たちに教えた経験、とりわけ一九一八年から二四年まであちこちの学校で教師として活動したことは、心理学の応用分野としても、学校教育の方法を考える機会としても、その後のヴィゴツキーに与えた影響は大きいものでした。それはのちの著作『教育心理学』や欠陥学分野での臨床研究の基盤を形成したのです。

5　演劇文化活動

この時期ヴィゴツキーの活動範囲は大いに広がりを見せました。ヴィゴツキー研究の立場からすれば第二のゴメリ期です。中等教育を終えるまで過ごした子ども時代が第一期ゴメリ期です。教師としての広範な仕事が始まった頃、もう一つの活動領域ができました。

当初はゴメリ市国民教育部の下に位置づけられていた演劇課の主任（一九一九―二一）を命ぜられ、さらにのちには県政治・啓蒙委員会芸術部会の長を任せられていたのです。ソビエト政権下での新たな文化的発展のために必要な仕事が、適材としてヴィゴツキーを呼びよせたのでしょう。青少年期に演劇が大好きだった彼も、まさか近い将来このような立場に居ることになるとは想像していなかったでしょう。

こうしてヴィゴツキーは芸術活動家たちやゴメリ劇場の支配人らと懇意になりました。演目の選定、上演方法、客演の座やいろいろな芸術集団と交渉する仕事が加わってきました。モスクワ、ペトログラード、キエフ、サラトフなどの劇団を招くために出張した記録が残っています。彼のおかげでゴメリ市民は、モスクワ芸術座の第二スタジオ、モスクワ・オペラ座、ペトログラード（かつてのアレクサンドリンスキー）劇場、ペトログラード・ドラマ劇場、国立アカデミー・ペトログラード（旧マリインスキー）劇場や、キエフ・オペラ、オデッサ・バレエ団、それにクラシックや現代の演劇に親しく接することになりました。当時の地方紙上でそのことがうかがえます。そればかりか、ペトログラード（現サンクト・ペテルブルク）の芸術新聞「芸術生活」紙上でも、ゴメリ市の芸術部局が取りくんでいる活発な文化活動について報じられました。

ゴメリの地方紙「ポレシエ・プラウダ」にも、「我々の月曜日」誌にも、レフ・ヴィゴツキーの演劇批評が掲載されるようになったのも当然の成り行きでしょう。のちにヴィゴツキーの娘ギータ・ヴィゴヅカヤらが行った調査によれば、ヴィゴツキーの書いた演劇批評は七〇件以上であるということです。研究上この時期に書かれた批評記事が十分に発見され、深く分析されているとは言えません。ヴィゴツキー研究の今後の課題の一つと言えるでしょう。

ヴィゴツキーがこの演劇批評をどのように書いていたのか少しだけ見てみましょう。上演の二日のちには掲載されるように彼は素早く記事を書きあげました。それは自分の批評によって観客がこの上演を解釈しやすいようにするためでした。

トルストイの作品「闇《やみ》の力」の批評に見られるようにヴィゴツキーは俳優の演技を評するだけではなく、その芝居の文学的な原理についても述べました。「この作品の主人公は真実である」、「農民の暗く激しい反乱の中に、人類全般に共通するものを示そうとした」、「文学では未だに試みられたことがない経験である」、「農民の素朴なことばの数々をシェークスピア的な秩序の大演劇と結びつけているのは前代未聞の試みである」と。

またV・O・トラフティンベルク（一八六〇―一九一四）の戯曲「意地悪女」では「テーマは小皿に盛られ、供えつけ家具の部屋でペテルブルクの小市民的なドラマの巻き添えとなっていく、この戯曲作品自体には歪んだ低俗な引用はなく、その一かけらも残ってはいないという点からして『家具付の貸し部屋』を想わせる」

ヴィゴツキーの批評は新鮮で、多彩なことばのパレット上で思いもつかないような比較がなされ、読者を大いに引きつけました。

同時に大都市での演劇にも通じていたヴィゴツキーは、ゴメリの客演にきた俳優には辛口の批評もいといませんでした。それは大都市の演劇の方が、やはり田舎の劇場よりもはるかに優れている、という考えからではありませんでした。「……観客と舞台とのあいだに『批評の空中の橋』を掛けることを私はいつも束の間の素早いストロークでしたいと思っている……〈中略〉一六本のろうそくしかない田舎の舞台にも詩や芸術はある。小さな詩にも、私たちの町の舞台の小さな芸術にも、はかなく小さな忘れられてしまうものにも、誰もがかけるのを忘れていたことばを私から投げかけるのだ」と定期的に担当した新聞コラム「批評未満」に書いています。

ヴィゴツキーにとっては、自分に求められた仕事と自分がやりたいと思っていた仕事が一致していました。自分の力を発揮できる荒野が急に目の前に現れ、自分が時を惜しんでペンを走らせる充実感に包まれる日々がやってきたのでした。本物の芸術、偽物の演技は学生時代からの彼のテーマでした。ヴィゴツキーはそのテーマを新聞紙面での演劇批評として創作し始めたのです。

6　出版文化活動

レフ・ヴィゴツキーがキエフから母と弟を連れて戻り、その後ソビエト政権になって各種の学校や教育専門学校で職を得るようになった時、かつての仲間たちも教育関係の仕事をし始めていました。その一人、年下の友人セミョーン・ドープキン（セーニャ）がヴィゴツキーにある提案をしました。

「ねえ、ベーバ、僕たちで出版社をつくろうよ」

セミョーンは自分たちで活字を組み、印刷し、原稿を編集し発行するという仕事に中学生の頃からあこがれていました。もちろんヴィゴツキーは、その考えに燃えました。彼は「ダヴィドも入れよう」と言ってきました。ダヴィドもまたゴメリで教師の職に就いていました。前に述べたようにダヴィドは言語学者で詩人で、漂々としたところがありました。一九一八年から一九年頃には靴を履かず、夏には裸足のままで街を歩いていたと言われています。しかし、それを人々は不作法とか変人とか思わなかったのでした。

セーニャ、ベーバ・ヴィゴツキー、ダヴィド・ヴィゴヅキーの三人は出版社をつくることに決めました。出すものは世界的な文学者の作品と現代の重要作品にし、出版社名を「世紀と日々」にしようとセーニャが提案しました。つまり何世紀もの間、読み継がれている古典と、日々生まれる現代作品の両方を扱うという意味です。そして表紙はゴメリ在住の画家ニコライ・ロマノヴィチ・オスタペンコが描いたスフィンクス像でその上に蛾が止まっているものでした。

三人は、現代の作家ミハイル・オシポーヴィチ・ゲルシェンゾン、詩人ヴァレーリー・ブリューソフ、それに哲学者レフ・シェストフの仕事にとりかかりました。ヴィゴツキーはキエフで顔見知りとなったエレンブルクとマコヴェリスキーの本を考えていました。手紙を書くと詩集が送られて来ました。すばらしい本に仕上がりました。その本に続いてダヴィドは、ギリシャ系フランス人の詩人モレアスの詩を出すよう提案しました。

組版ができると三人は印刷所で一日を送ったのです。ゴメリには印刷用紙がたくさん備蓄されていたことは先に町の歴史とともに書きましたが、モスクワのシェストフ、ゲルシェンゾン、ブリューソフらから好意的な返事を得たにもかかわらず、一番恐れていた事態が起きてしまいました。ソビエト政権下になってから物資供給がうまくいかず、各地方にある資源が集められ中央に移送されたのです。ゴメリにもそのための特別委員会が派遣されました。紙やインク、そのほかあらゆるものが対象とされ、もはや「世紀と日々」出版は、存続が不可能になってしまいました。新しい創造を自分たちの手で、と思っていた三人は落胆しました。しかたなくダヴィドはペトログラードに行き、セーニャはモスクワの大学に進みました。

出版という創造的な仕事もわずかな期間の出来事でしたが、ヴィゴツキーにとっては大きなステップであったに違いありません。行く道にどんなことが起きても、いつも同じ印象を周囲の人々に与え、時に彼は顔を赤らめました。それが彼の表現の仕方だったのです。何事もうまくなんか行かない、それがふつうでした。
ゴメリに残ったヴィゴツキーは、文学（週刊）雑誌「ヴェレスク」を創刊しました。内容は、小説、詩、演劇批評、文学スケッチを編集した同人誌的な、規模的には小さなものでした。一説では、創刊号が一九九〇年にレニングラードのサルトゥイコフ＝シチェドリン記念国立図書館の閉架書庫で発見されたということですが、それは最終号であったとも言われています。ヴィゴツキーの娘ギータ・ヴィゴヅカヤも、その実物を手にしたことを述べています。それによると一九二二年発行のそれは、表紙にはリール王役の一八世紀の俳優フリードリヒ・シュレーデルのシルエットが刷られていて、最初の数ページはゴメリ劇場や音楽コンサートについての記事で、最後の方は県通商連支部、レストランの広告になっていました。この号の主な内容は、芸術の諸問題を扱い、プログラム的な記事が含まれている、とギータは分析しています。そして大事なことは、題辞として次のような文章が記されていることです。

「『ヴェレスク』は、最もやせた土地で生き延び、土質を選り好みする植物からすれば、最下等である」

この名称を雑誌名にした編集者ヴィゴツキーはこう書いています。
「我々の小冊子の表紙に、我々はこう書こう。『ヴェレスク』と。枯れてやせこけて、枝はいかめしい。苦く、貧しい野生の草だ。しかし、常時、緑でいる。夏も冬も。砂地でも沼地でも育つ。広大な平原となって地を被うステップ、緑と化した山々、雲の彼方の地にあっても。簡潔に言えば、こうなる。芸術にとって今こそふさわしいのは月桂樹ではなくて、ヴェレスクである」

ヴェレスクとは別名カルーナとかヘザー、ヒースなどと呼ばれ、日本ではギョリュウモドキなどと訳されます。ツツジ科圏内の低木を意味します。

さらにヴィゴツキーの文章は続きます。

「地方にあって芸術面においては貧弱で、これといって何も目立つものがないような所で、芸術雑誌を発表するなどという突飛な企画は、そもそも空しくばかげていると思われることだろう。しかし本当にそうであろうか。そうかもしれないがやはり、そこにも芸術はあるのであり、それがないと言えるわけはないのだ」

そしてこの記事は、こう締めくくられています。

「我々の雑誌で地方の芸術力を結びつけること、地方的、世界的な芸術活動を明らかにすること、その利益に資すること、これが我々のささやかな課題である。指導的な立場を取ろうとか、指南役をしようとする考えからは距離を置いている。ただ寄与し、目を凝らしているだけなのだ」

この号に載せられているのは、V・ウージンとダヴィドの詩、M・メーテルリンクの戯曲「モンナ・ヴァンナ」の批評、アナトール・フランスやフセヴォロド・メイエルホリドに関する記事、地方劇場の雑報等でした。

しかし、どうやらこの創刊号で「ヴェレスク」は終わったようです。もっとも当時ヴィゴツキーの周辺にいた人々の回想では、他の号もあったと言われていますが、現存が確認されていません。その頃ヴィゴツキーの周囲には、将来の妻ローザ・ノエヴナ・スメホーワや、彼の姉妹、ジナイーダ(ジーナ)とマリア(マーシャ)、それにE・L・ガイリクマンやV・S・ウージンらがいました。彼らはヴィゴツキーが講師を務めた講義や報告会、文学の夕べなどにも参加していました。

ゴメリ市のさまざまな教育機関で気を張りつめながら仕事をし、できることは何でもしてやろう、という思いで彼は精力的に公私を問わず活躍していました。雑誌の方は資金難、資材難か、することが多すぎて手が回らなかったのか……しかし形をかえて聴衆の前に立つ機会は多くなりました。講義や報告のテーマは多岐にわたり、シェークスピア、マヤコフスキー、チェーホフ、トルストイ、コロレンコ等が登場しました。アインシュタイン、フロイト、「内的反射の学説」、「試験の心理学」、「学校の通信簿の科学的根拠」、「新しい教育学の本」のような話では、講義室には、これ以上入れないくらい一杯になったと伝えられています。

雑誌「ヴェレスク」の創刊、数々の公開講座は一九二〇年から二三年にかけてのヴィゴツキーの主要な活動でした。

彼の出番はまだありました。「月曜会」と呼ばれる文学作品の公開読書会を主宰していたのです。いわゆる読書会で、市民にとっては文学ニュースを知る数少ない機会でした。将来の妻ローザも参加していました。彼女によれば、レフ・セミョーノヴィチの主宰する文学の「月曜会」が開かれていて、そこでは新しい詩や散文作品が紹介されていました。それは参加者の心をつかむもので、参加者は詩に興味をもって聴いた、ということです。ヴィゴツキーは出版物博物館（事実上、図書館・閲覧室）にも関わっていました。ここで文学の夕べが開かれていたのでした。

この辺りで、ヴィゴツキーが大学入学前までと大学卒業後の七年間を過ごしたゴメリ市の位置した地方について特徴を記しておきましょう。ゴメリのあったベラルーシの南部とウクライナの北部辺りは、「ポレシエ」と呼ばれています。西はポーランド、東はロシアにまでまたがる細長い、歴史的な地域を指します。多くは森林地帯であり、ポ（～に沿って）とリェス（森）が語源でポレシエとなったという説もあります。

ポレシエ人と言うとき、それは外にいる人々から見た言い方で、内部的な民族意識を代表する言い方ではありません。東方正教会派の人もカトリック教徒も混在し、ポーランド人、ウクライナ人、ベラルーシ人もそれぞれ自分をポレシエ人と見なす人もいます。面積的にポレシエは広い一帯を示し、スラヴ人とバルト人の接点ともなっていて、ポレシエ地域に特有の文化、習慣、民族様式があり、言語は森、林、湖、沼、池等に属する語彙が多く、西スラヴや南スラヴの方言にもその痕跡が認められるため、スラヴの中心的な場所であるとも考えられます。そしてヴィゴツキーの暮らしていたゴメリ市は、ポレシエの中核となる都市でした。

ソビエト政権が誕生した時からヴィゴツキーはゴメリ市で定期刊行物の発行と編集の仕事に関わっていました。一九二二年から二三年にかけては、ゴメリ印刷所の長となり、また二三年から二四年までは、党ソビエトの印刷所「ポレシエ印刷」と「ゴメリの労働者」の出版部で芸術編集を任されてい

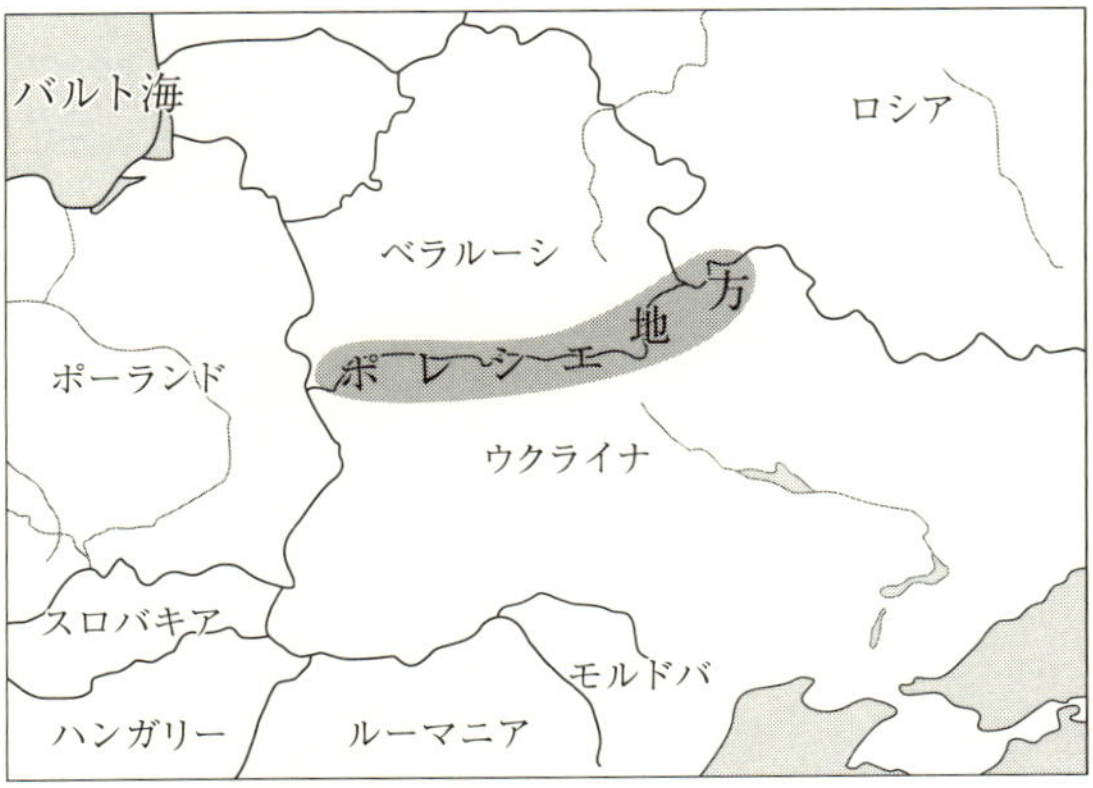

網かけ部分がポレシエ地方

ました。その仕事は誠実に行われました。

ゴメリでの、この時期においての彼の出版文化活動は、中学生時代の誰にも見せなかった「読者批評」に始まり、大学時代には、「年代記」をはじめ「新しい道」誌上でのコラム執筆や編集助手としての仕事。そしてゴメリに戻ってからは「ポレシエ・プラウダ」等の地方紙の芸術欄担当と一つの路線上につながりとして見えてきます。書かずにいられなかった少年の批評力は、大学生時代の腕試しの期間を経て、多くの人を引きつける紙面へ磨かれていったのです。またそれは人々を前にして直接語りかける経験を積み重ねる日々とともに発展しました。

第二ゴメリ期の仕事で特筆しておかなければならないことがあります。それはベラルーシ文学への着目と愛情です。レフ・ヴィゴツキーにとって第一言語（母語）は、もちろんロシア語でしたので、当然のことながらロシア文学には深く通じていました。しかし彼は自分の故郷であるゴメリ、つまりベラルーシの文学を重視しました。ロシア語の優勢下にベラルーシ文学を見たり、組み入れようとするのではなく、ベラルーシ文学のルーツをたどり、その心情と詩情を、民族楽器の笛（スヴィレーリやジャレイカ）になぞらえています。

「現状の姿としてのベラルーシ文学は、ウィーンのピアノの前に出された笛のように貧弱であるし、プーシキンやあるいはミツケヴィチ、シラーやモリエールの文学と比べればベラルーシ文学は貧弱である。それを誰よりも知っているのはベラルーシの詩人たち自身である。何百年にもわたった長い圧迫がベラルーシをさんざん苦しめたのだ……だがあらゆる本の一巻、一冊においてベラルーシは自分自身の文学を所有している。……ベラルーシの新しい文学は前世紀末に至ってようやく成果をもたらした。それはまだ若い文学なのである。しかし、そこには力があり、支点も音楽もある。しかもこれらすべては圧迫の世紀にベラルーシに与えられたものである。それは百姓の笛のように根強く、生命力がある。何よりそれは百姓自身と同じ生地でつくられた文学である。未だそれは民族詩から最終的に分化されていない、母の胎内にいる子どものようであり、素朴な民謡の果汁を糧としている……だが人間の声がなす合唱となれば、ベラルーシ文学には独自の、他に代え難い純朴な民謡的な発声の力強さがある。詩集の一つを『ベラルーシの笛』と呼ぶのにも理由があるのだ」

自分の土地の歌い手である国民詩人や国民文学をヴィゴツキーは正当に評価していました。彼にすれば、それを培ったのは民族の奮起、自然、そして社会への民族的な怒りだったのでしょう。ベラルーシの象徴ヤグルマギクの香りを失わず、現代ポエジーの手のこんだ音楽を作ることを指し示したのでした。

これまでもそうであったように、彼は多くの人が気に留めないような「小さなこと」にもその重要さに気づいていました。彼にすれば歴史の過程のごく小さな、ささいな出来事の中にこそ本質があるのでした。やがてそれは障害児教育を改革し、それを自らの仕事するようになることにも通じています。彼が書き伝えたかったことは、心の中に仕舞い込まれている人々の思いであったのです。

なお今日ヴィゴツキーは、「ロシアのヴィゴツキー」と称されることが多いのですが、ベラルーシの人々は、ヴィゴツキーを自分たちの人と思っています。

この章で述べてきたように、ハムレットに関する卒業研究は『芸術心理学』として死後、世に出たのですが、それはゴメリでのさまざまな文化活動につながりました。多くの執筆は、一体いつの間に行われたのでしょう。いろいろな教育機関での仕事の合い間だったのでしょうか。

できる時にできることは何でもしておこう、そのようなヴィゴツキーの仕事ぶりを評して作家イーゴリ・レイフはこの時期のヴィゴツキーを「ゴメリ症候群」と評しています。何かせずにはいられなかった、述べたいことが次から次へと沸いてくる状態、弟二人を失ったヴィゴツキーには、ひまな時間などあり得なかったし、母を助ける必要があったのでした。そしていつも弱い立場の側、少数派の側のなかにある真実の価値を見出そうとし、それを社会の宝に変えようとしていたのです。「世界的に思考し、足元で行動する」この姿勢は、子どもの頃から終生ずっと変わることがありませんでした。

第Ⅳ章　教育心理学への道

1　ブロンスキー教授との出会い

シァニャフスキー大学にはヴィゴツキーにとって大事な教師がいました。それは、心理学と教育学の講義を担当していたパーヴェル・ペトローヴィチ・ブロンスキー（一八八四―一九四一）です。

ヴィゴツキーは、心理学への専門的な勉強は既に大学から始めていた、と述べているのですが、文学青年から心理学徒に変身したように見える陰にはブロンスキーの存在があったように思われます。事実ヴィゴツキーの初期の著作とブロンスキーが一九一〇年から二〇年にかけて提起した心理学の概念には類似性がある、とA・A・レオンチェフ（息子）は述べています。それによれば、早くから「精神」の観念論に反対し、実験的で客観的な心理学を提唱したこと、人間や動物の行動に心理学の課題を認めたこと、人間の行動は社会的行動としての行為やふるまいであり特別な性質である、としたこと、さらに人間個人は社会的な産物であって人間環境がつくった具体的産物である、加えて、人間的

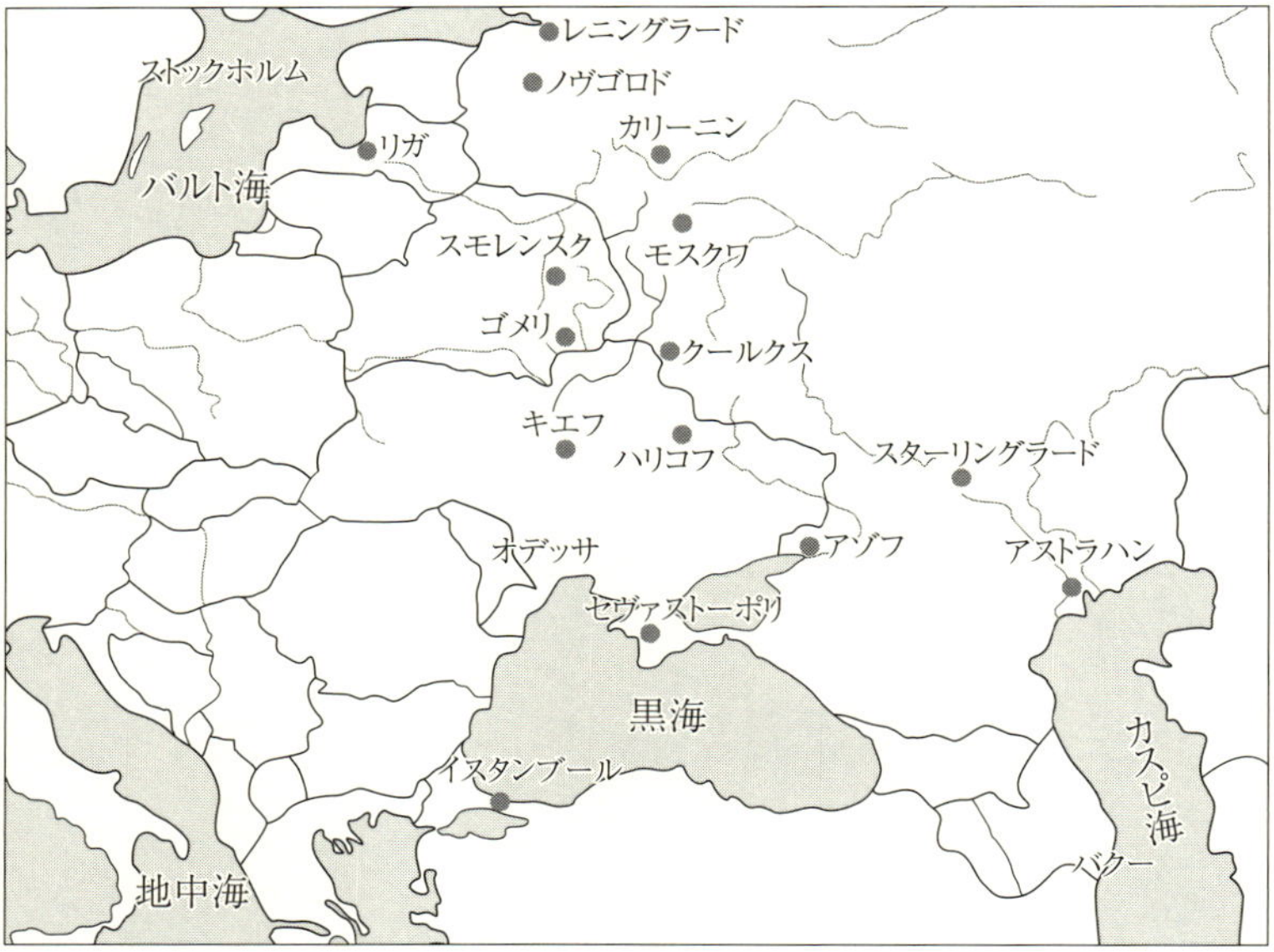

行動を動物と比較し、大人の行動を子どもの行動と比較する必要があるというブロンスキーの考えが、ヴィゴツキーに影響を与えているとしています。

ヴィゴツキーにはブロンスキーの直接引用も見られます。例えば「その人の呼吸がどうであったのか言ってください。そうしたら私はあなたに、その人の感情と表情を言ってあげましょう」という情動と呼吸に関するブロンスキーの見解がそれです。

ヴィゴツキーにおける心理学研究の基盤としてブロンスキーの存在があったことは『教育心理学』のほか、『芸術心理学』『心理学的危機の歴史的意味』の著作からも読み取れるでしょう。ヴィゴツキーも大人と子ども、人間と動物、現代人と「未開人」の比較、正常な行動と異常な行動の比較を行っています。

ヴィゴツキーが一九二四年モスクワの実験心理学研究所に赴任した時に、ブロンスキーは同研究所の下級研究員として名を連ねていました。

シャニャフスキー大学では、ヴィゴツキーはユーリー・アイヘンヴァリド教授の指導で「ハムレット」論を卒業研究として仕上げます。彼はヴィゴツキーの芸術学の師であり精神的な支えでしたが、当時のロシアの心理学の現状をブロンスキー教授からも吸収していたことを見逃してはなりません。なおブロンスキーは、その後一九三〇年から没年の一九四一年までソビエト国立心理学研究所で仕事をしていました。

モスクワの自由大学で、心理学のブロンスキー教授と芸術学のアイヘンヴァリド教授の二人の師に出会えたことが、後のヴィゴツキーの道を決めたと言っても過言ではないでしょう。

2　ゴメリでの教職経験

一九二一年、ゴメリ市ポチトーヴァヤ通り一三番地の小さな建物を用いて「ゴメリ教育専門学校」が創設されました。これはそれまでの「長期講習コース」を基にして開校されたのです。革命後、国の状況は非常に困難でした。外国の干渉、内戦により、国は荒廃していました。産業、農業、交通、商業の正常化はいずれも文化・教育的復興と連動するものでした。地方でも専門家の養成が急務でした。教育学や心理学は、このような時こそ必要だったのです。

この学校の建物の一一室のうち、六室を教室とし授業が開始されました。

こう考えることは間違っていないでしょう。まさにこの時期ヴィゴツキーが仕事として心理学を研究し、実践し始め、後の進むべき路を照らすことになったと。当のゴメリ教員専門学校には誕生して間もない「白ロシア共和国」が緊急に必要とする学校教員を養成する使命を与えられていました。初年度、共和国内の各郡から二五〇名の願書が届き、八〇名が入学しました。学生たちへの奨学金は、小麦粉と塩漬けのラードで支給されたのです。物資に乏しく学用品も設備も不十分で、冬の薪も足りませんでした。当然、講師たちへの給与も、ほんのわずかでしたが、学歴のある者たちは職を求めていたので、二五名の教師のうち一九名は大学教育を終えた者たちでした。

一九二二年ごろには学生数も拡大し一九〇名の学生が教育を受け、身分証明書によればヴィゴツキーも一九二二年から、教員スタッフの一員であったと考えられます。一九二三年の教員会議議事録（二月二十五日付）によれば、彼の担当科目は論理学と心理学関連の四科目でした。

いずれにせよ、この学校は当時のゴメリでは最高の専門学校であり、ヴィゴツキーにとってもそこで教員になったことは、当時の困難な条件下では最高のものであったでしょう。しかし、この学校はヴィゴツキーにとって特別な意味がありました。その話をする前に当時の心理学の状況について述べておく必要があります。

この頃地方において心理学はどのような状態であったのでしょうか。革命前のロシアには精神活動を唯物論的に理解しようとする流れはあったものの、心理学全般を支配していたのは保守的、観念的な心理学ですし、二〇世紀初頭の世界の心理学の動向からすれば、「古くさい」ままであったのです。地方にあってそれは変わろうはずもありませんでした。

モスクワの心理学研究所長はチェルパーノフであり、旧式の彼の教科書が依然として使われていました。そこにK・N・コルニーロフがやってきました。一九二三年ソビエト政権下になって最初の第一回全ロシア精神神経学会が開かれ、唯物論に基づいた新しい心理学を確立する方向が示されました。モスクワの心理学の流れは変わろうとしていました。

話を一九二二年のゴメリに戻しましょう。この頃からレフ・ヴィゴツキーもこの教員専門学校の教員として働いていたことは前章でも触れました。ここでは、どのようにして彼が自分の心理学をつくりあげていったのかという点から述べましょう。

一九二三年五月三日の教員評議会議事録によれば、ヴィゴツキーは教員専門学校内に心理学実験室を設ける提案をしました。その提案は次のような書類をもって行われました。

教育専門学校附属心理学実験室の設置について

実験室の課題と性格

1. （一般及び教育）心理学の履修の際には心理学実験を演習すること。市の初等教員養成学校及び全教育施設でのボランティア活動を行うこと。
2. 本来的な性質の科学研究のための実験室と教員養成専門機関の聴講生による実験教育学及び実験心理学の実地授業用の実験室の整備。

3. 子どもの実験教育を行う部屋、児童施設からの指示による欠陥児童、個別的な心理学的研究を要する子ども、実験的な「子どもの家」用の部屋、医師・心理学者ペチェリツィンの参加あるいはコンサルテーションによる児童観察の形態と方法論の確立、およびその科学研究システム用の記録用紙の作成。

4. 諸学校、あらゆるタイプの教育機関、学校での指導法の教育実験に関する独自的な研究のための学習及び開発のための手引き、生徒の心理学アンケートの実施、特徴記録用紙の開発試行、完成、学校科目の指導法及びそのほかの教育方法習得の実地試験。以上四点についての口頭及び書面によるコンサルテーション・初年度計画の作成は必須。

部屋の開設のために必要な設備

1. 部屋および調度品の配置
2. 旧男子ギムナジウムからの備品
3. 物理学教室及び博物室からの備品
4. 人的成員、主任、医師・コンサルタント、実験室助手、技官の配置
5. 予算執行のための資金
6. 実験心理学のための図書室設置、他の図書室からの一時的借り入れ
7. 新しい備品の購入
8. 夏期全ロシア心理学会への参加

9．実験室の心理学研究者で構成する心理学評議会の結成

部屋の創設のための予算

1．文房具…一五〇ルーブル
2．小修理、修繕、用度品カバー…三五〇ルーブル
3．室に備わっていない最も簡素な器具類の入手と準備に二〇〇ルーブル
4．学習図書…二〇〇～二五〇ルーブル

夏期休暇までの当座計画

学年度当初から研究室が稼働し始めることができるようにするために、上記四つの重点に沿った活動モデルの準備。以下の構成要素の完成。

1．二名の障害のある子どもと二名の正常児の研究方法（ロスソリーモ法あるいは他の方法）を検討する。
2．夏にK・リプクネフトの学校において最終校正を経たアンケートを実施する。
3．さまざまな学校のタイプに対応すべく心理学コースの全部門を完成させる。
4．教員専門学校と社会教育コース（一七名）からなる小グループで実地活動を行う。

一九二三年五月二日の教員評議会では、再度この心理学的研究室についての問題が審議されたのですが、モスクワに教務主任が出向いて必要な備品を入手するように求める決定が承認されました。

そして一九二三年十月十日の教員評議会では、この間の活動報告がなされました。そこでは合わせて二一の心理学演習が講習会形式で、あるいは諸学校で行われたこと、実験演習は専門学校生徒ばかりでなく教員の資質向上講習でも行われたこと、ロスソリーモ・システム、ラズールスキー法、ネチャーエフ法の各検査法、プロフィール調査方法、意欲・記憶の研究方法が含まれていて、この心理学実験室はヴィゴツキーとペチェリツィン博士、研究助手二名、学生二名で運営されたことが述べられています。

ヴィゴツキーは、この心理学研究室の将来計画としてゴメリ市のあらゆる学校・機関で行われる講義、実習、実験の日常的検討と、「子どもの家」の養育児たちの心理学的調査、研究室員によるコンサルテーションの実施を予定し、さらに農村の学校について改善を投げかけました。そして何よりも、ソビエト政権下で行われる最初の全ロシア規模の学会にゴメリから代表を派遣することを提案したのでした。そしてこの大会こそヴィゴツキー自身の運命を大きく変えるきっかけとなりました。実は、この教員専門学校の心理学研究室で彼は多くの実験・調査・分析を行っていたのです。大学もなく、指導者もいない、一地方のゴメリの町で。この時、彼は二七歳になろうとしていました。

ゴメリにおける五年間の公人としての教育活動について全ロシア教育活動家ゴメリ県支部は、次のような身分証明を発行しています。

（前略）

L・S・ヴィゴツキーの主唱と彼の力によって心理学研究室が設置され、学校の児童生徒のみならず児童養護施設「子どもの家」の子どもたちの検査が広範に実施された。同時にヴィゴツキー同志は学校心理相談者にもなっている。

L・S・ヴィゴツキーはソ連邦ゴメリ県庁の最も活動的な人間の一人として頭角を現し、常に心理学の諸問題に関する講師となり、教育学と文学教育の全般的問題についての講師でもあった。

連邦がヴィゴツキー同志の活動の中で最も価値があるものと考えているのは夏期月間に行った農村啓蒙家（教育者）向けの講習講座、および西方鉄道の教師講習における同志の心理学講習である。L・S・ヴィゴツキーはこの講義によって地方鉄道支線沿線にある村々の啓蒙家（教育者）たちの意欲を格段に高揚させた。

ヴィゴツキー同志は、あらゆる教育活動において現代マルクス主義教育学の普及者であった。

一九一九年から一九二四年にかけてヴィゴツキーは専門学校の心理学研究室で行った研究を論文にしました。それは五編ありますが、一つは「呼吸に与える言語リズムの影響について」、もう一つは「複合体結合法における新しい言語反射の実験的生成」です。後者は世に出ていません。他の三論文は彼の運命を決めた一九二四年にペトログラードの第二回全ロシア精神神経学会で彼が行う報告になりました。これについては、もう少し先でお話ししましょう。

明らかにヴィゴツキーの本格的な心理学研究は、一九一九年から一九二三年までの彼の第二期ゴメリ時代に既に始まっていたのです。それは、文化、芸術、国民教育の多領域に向けられた方向性を特徴としていました。ゴメリ教員専門学校附属心理学研究室で行われた実験研究、そして演劇・文芸批評でなされた芸術心理学の試みは、初期の大作『芸術心理学』と『教育心理学』を書きあげる土壌でもあったのです。

教師としての輝くような才能、巧みな授業、深い印象をもたらす講義、圧倒的な作業能力を育んだのもゴメリであるならば、心理学や欠陥学の研究者としての基礎と方向を彼に与えたのもゴメリでした。ヴィゴツキーの『芸術心理学』と『教育心理学』は、ロシア西部の辺境の町、ゴメリが生んだのです。

3　ゴメリから全ロシア会議へ

一九二四年十二月三日から十日まで、ペトログラード（一九一四―二四年の、サンクト・ペテルブルクの呼称）で第二回全ロシア精神神経学会が開かれました。この大会はロシアの心理学にとっても、またヴィゴツキーにとっても重大な意味を持つことになりました。

ヴィゴツキーの私家資料として、この学会のプログラムが残っていますが、それによれば次のような著名な人々がこの大会に参加していました。V・M・ベヒチェーレフ、A・S・グリボエドフ、K・N・コルニーロフ、P・I・リュブリンスキー、A・P・ネチャーエフ、A・A・ウフトムスキー、G・I・チェルパーノフ、G・G・シペート、N・M・シチェロヴァーロフ……です。革命後、この頃までに中央では唯物論の立場をめざす心理学者も多くなり、出席した代表者たちは、第一回大会の時から弁証法的唯物論に基づいて心理学を確立する必要性を説いていたK・N・コロニーロフの提案を支持するようになりました。すなわち、この第二回大会は、旧態依然とした古い心理学から新しい心理学に舵を切り、所長をチェルパーノフからコルニーロフに替えた瞬間であったのです。ヴィゴツキー自身がこれをどう考えたか、彼がマルクス主義心理学をどう考えたか、反射学や反応学によって説明される心理学をどう考えたかは、別問題と考えるべきでしょう。この点については他の所でお話しましょう。ここで述べるただ一つの大事なことは、彼がこの一九二四年の第二回大会にゴメリ県国民教育課の一地方代表として出席していたということです。ゴメリからペトログラードまで、およそ一〇〇〇キロメートル、一直線とはいえ一昼夜の旅でした。今ほど移動が楽ではない時代、ヴィテプスクを通り抜け、進む鉄路の旅はどのような思いを運んだのでしょうか。学会の主催者からみればヴィゴツキーは一地方の一教育担当者に過ぎません。ヴィゴツキーがいかに心理学を独自に学習し、また実験研究を教育専門学校で重ねていたとはいえ、古手の学者たちからすれば今まで見たことも聞いたこともない無名の「若造」でしかなく、まったくの「他人」でした。誰も知らない人々ばかりの大会、しかも旧ペトログラードへヴィゴツキーはたった一人で「乗り込んで」行ったと言うべきでしょう。あるいは自分の出番を予知していたのでしょうか。彼はゴメリ教育専門学校の心理学研究所で準備した三編の論文を口頭で発表しました。それは、①「反射学的・心理学的研究方法」②「なぜ今、心理学を教えなければならないのか」③「一九二三年度、ゴメリ市の学校卒業学年生徒の意識に関する調査結果」の三報告です。

A.R. ルリヤ

ベラルーシの田舎出身の若者の発表をじっと聞き、目を釘付けにしていた人間がいました。それはアレクサンドル・ロマノヴィチ・ルリヤ（一九〇二―七七）でした。その時のことを彼はこのように回想しています。

「演壇に上がったのは、かなり若い人物だった。この時ヴィゴツキーは二八歳になったかならないかぐらいだった。彼は三〇分以上にもわたって、人間の意識というものについて、そしてその発達過程に対して科学的にアプローチする意義について、さらにこれらの諸過程を研究する客観的な方法について、明快に、正確に、非の打ちどころなく話をしたのだ」

また、この時のルリヤの話としてK・E・レヴィチンは、こんなエピソードも伝えています。「……ヴィゴツキーは手に小さな紙きれを持ち、時折それを見ていたが、演説が終わってからルリヤが彼に近寄りその紙きれを見たら、それには何も書かれていなかった……」

この時、アレクサンドル・ロマノヴィチ・ルリヤは二二歳、カザン大学を卒業してすぐにモスクワの心理学研究所で研究秘書官をしていました。旧心理学から新心理学を確立する仕事に直面していたルリヤは大家たちの中にあって、誰よりも早くヴィゴツキーの才能を感じ取ったのでした。ヴィゴツキーの報告はルリヤに大きな印象を残しました。この時がルリヤにとってヴィゴツキーとの最初の出会いです。

報告者ヴィゴツキーの方は、どんな気持ちだったのでしょう。学生時代からというより子どもの時から、筋道を立てて物事を考え、相対立する説明を理解し、哲学と文学に見え隠れする心理学に注目し、いつもその研究方法を考えていた彼はゴメリ教員専門学校で心理学研究室を自ら設置し、自前の実験データや調査を分析していたのです。人前で、どのように話せば良く伝わるかは、演劇研究と劇場通いから、そしてゴメリの講習会や文学の夕べでの講演経験から、もとより熟知していました。聴衆の人数や層に応じて話し方を調節することは、自身とって詩の朗読と同じでした。この大会での報告は、自身にとってこれまでで一番大きな「晴れの舞台」となったのです。何しろ大都市で行われる全ロシア規模の心理学の大会であったのですから。これまでもそうであったようにヴィゴツキーはそこでの自分の役割を先見していて、今の自分の言葉がやがて他の何かにつながっていくのだろうと考えていたのでしょう。ルリヤは当時の心理学研究所長で直属の上司であるコルニーロフに、ただちにこのゴメリ出身の、誰も知らない「無名」の新人をモスクワの実験心理学研究所に研究員として招へいするよう進言し、説得しました。

ルリヤも優れた才能の持ち主であり、人物を見抜く力があったのでしょう。二人の出会いは、すぐにアレクセイ・N・レオンチェフ（一九〇三―七三）を巻き込み、名高いトロイカ（三人組）が結成されたのです。

ヴィゴツキーは、この大会の後、ルリヤからの申し出を受けゴメリでの自分の仕事に終止符を打ち、かつて学生時代を過ごしたあのモスクワに再び生活と仕事の場を移すことにしたのです。

4　再会の町モスクワ

ヴィゴツキーの新しい職場、それは正式にはモスクワ大学附属・実験心理学研究所で、マホーヴァヤ通りにありました。本文中では実験心理学研究所とか単に研究所として表記されています。この研究所は一九一二年にゲオルギー・イヴァノヴィチ・チェルパーノフ（一八六二―一九三六）によって創立され、その資金は商業家で文化パトロンであったS・I・シチューキンが出資したことにより、条件としてその妻の名前を研究所に冠することとされていました。そのため十月革命までは、「シチューキナ記念心理学研究所」と呼ばれていました。

とにもかくにもヴィゴツキーは一九二四年二月、再びモスクワの人になりました。職位は第二級の研究員でした。後々のことを考えれば彼には低位の小さなポストであったかもしれません。しかし公職に就くことができなかったかつての時代を思えば、モスクワ大学在学生時代の教授たちも何人か近くにいるところで公の仕事ができるようになったのです。加えてゴメリ時代、教員専門学校で始め

ヴィゴツキー

ルリヤ

レオンチェフ
三人組（トロイカ）

た「やりかけ」の仕事、つまり教育心理学の仕事を続けられる道が開けたのでした。当時の実験心理学研究所では、モスクワ大学哲学科の授業も行われていたのです。研究所の地階には資料庫もありました。ヴィゴツキーは時々その資料庫をのぞいていました。

実は研究所の地階にヴィゴツキーの住居もあったのです。当時このような建物には地階があるのが普通で、それは多目的のようなスペースとして使われていました。職員の住居としては悪くない待遇だったのです。

幼なじみのゴメリ出身者セーニャ・ドープキンは同じころ、モスクワ大学の学生になっていました。ヴィゴツキーは、ある日そのセーニャのレポートを資料庫で見つけ、読みました。民族心理学の教授G・G・シペート先生のゼミナールで報告したレポートでした。題目は「民族は人々に何をするか」でした。

「ねぇ、セーニャ、知ってるかい？　君のレポートを見つけたんだよ。とても気に入ったよ」

「ベーバ、これは昔、サークルでしたものですよ。覚えているでしょう。あなたの思想ですよね。我々が共有している歴史的な運命が民族にとって何であるか、というのは」

二人はそんな会話をし、モスクワでの再会を喜びました。

ところで、まもなく新妻のローザが妊娠すると、この地下の小さな部屋では、さすがに子どもを産み育てることは難しいと考えました。そこでもう一人の友人ヴラジーミル・サモイロヴィチ・ウージン（一八八七―一九五七）に助けを求めることにしました。三人の友情はゴメリ時代からのものでした。

ウージンとは、どんな人だったのでしょう。一言で言えばウージンはこだわりのないボヘミアンでした。妻と二人の子どもの家庭がありながら堅実な生活とは無縁で、予定を持たない生き方をし、外見は背が低くて頭が大きく格好がよいとはとても言えませんでした。三人の中では一番年上でし、大学など出ていませんが知恵と賢明な考えの持ち主でした。独学で教養を積み、革命後は文学・演劇の分野で著名を残し、ラテン語とスペイン語をよくし訳書を残しています。

ゴメリ時代からヴィゴツキーはウージンから大きな影響を受けていました。特に彼からはラテン語を習いましたが、その時から友情が生まれました。中等教育さえ受けていなかったウージンですが、学位制度ができてから彼には論文審査請求なしの修士号が与えられました。稀に見る人物であったのです。二〇年代はじめにモスクワに出て、そこではなかなかよい住宅条件を持ち合わせていました。

ヴィゴツキーの妻ローザは、ウージン宅で出産し産後の日々を過ごさせてもらったのです。

ヴィゴツキーの新しい研究職としての仕事の話に戻りましょう。一九二〇年代半ばから後半にかけてのモスクワは、価値観が定まらない不安定な時期でした。それは心理学の世界にも反映していました。

実験心理学研究所の初代所長チェルパーノフは「精神物理的並行論」を提唱し、心理学に二元論的な考えを導入し、ロシアに実験心理学を発展させようとした人物でもありましたし、また有名な論理学の教科書も著していました。あのパヴロフからも認められた存在でした。

第二代所長となったコルニーロフ（一八七九―一九五七）も実はチェルパーノフの教え子でした。コルニーロフはチュメニ生まれ、苦学してオムスク師範学校に入学し、農村で教師をし、その後モスクワ大学に入りチェルパーノフのもとで実験心理学の研究を始めた人物でした。彼は反応学の分野を開きました。やがてコルニーロフは、心理学は物理学の一部とする誤った俗流マルクス主義に立ち、コルニーロフ派はチェルパーノフ派と争うようになりました。一九二三年国家学術会議はチェルパーノフの所長職を解任し、コルニーロフの所長任命を承認しました。第二回全ロシア精神神経学大会はコルニーロフ新所長の顔見せの場であったのです。ヴィゴツキーがこの研究所にやってきた一九二四年の心理学はそのような状況であったのです。一九二三年末にカザンから呼ばれたルリヤは、ヴィゴツキーに出会うや否や、この研究所にこの人を呼ぼうと即決したのでした。

ルリヤの表現によれば、当時の心理学研究所は名称変更と移動に明け暮れ、「反応」ということばを多用し、実験室の備品を別の実験室に移し、部屋の名称プレートに「反応」を用いて改称するというようなことをまじめにやっていました。

新人ヴィゴツキーはコルニーロフの反応学やベヒチェーレフの反射学にどう対応したのでしょうか。彼は反射学には疑念を抱きました。反射学の人々は被験者に問いただすことを不可能と考え、ただ反射を記録しているだけでした。しかし思考の介入こそが反射の流れを根本的に変えるのではないか、とヴィゴツキーは考えました。一体、意識とは何か。それは反射の反射であり、心的体験が諸対象の体験の本質であるのと同様に、心的諸体験の体験である、と。ヴィゴツキーによれば、行動のない心理は、心理のない行動と同様、存在しないのです。

ヴィゴツキーの方向は明確でした。心理学から意識や思考を排除して人間の行動を客観的に研究することはできない、とやがて確信するに至りました。ヴィゴツキーはコルニーロフの、反応の一体性という考え方を好み、人間は反射で満たされた皮袋とは全く違うし、脳は一連の条件反射がたまたま滞在するホテルではない、と考えるようになりました。のちに彼はこう述べています。「生理学で唯物論者であることは、たやすいことである。心理学で唯物論者であってみよ」と。

5 『教育心理学』と『芸術心理学』の刊行

再びモスクワにやって来てまもない一九二四年・二五年度からヴィゴツキーは、あちこちの教育機関で講義を担当するようになりました。例えば、第一国立モスクワ大学（一般科学部――「心理学演習」）、（物理・数学学部――「心理学」）、そして第二国立モスクワ大学（心理学科目の専任助教授および「児童学」、「欠陥学」担当）、音楽院（教育学科――「心理学」）です。

これらを加えて実験心理学研究所の研究員、未成年者の社会的・権利的保護局の主任（これについては後述します）、そしてモスクワ大学専任助教授をはじめとする大学講師の仕事を同時に行っていることになります。仕事の仕方は相変わらず「ゴメリ症候群」的で以前と同じですが、その任務は地方での仕事から急に国家規模の仕事になったのです。

この頃、彼のテーマは意識と行動の心理学にも向けられました。言わばそれは彼のライフ・ワークであり、ゴメリ時代の第二回精神神経学会（ペトログラード、一九二三）そして実験心理学研究所の仕事というつながりに見ることができます。これらに関わるテーマの論文をいくつか書いています。意識の問題は心理学の中心テーマであるとし、次のように書いています。「意識の心理学的な本性に関係する問題は我が国の研究文献においては、頑なに意図的に遠ざけられてきた。新しい心理学にとって、それはまるで全く存在していないかのようなありさまで、あえて気に留めないようにしているようだ。結果としてわれわれの目に映る科学的心理学は、当の始まりから多くの困難を抱えてしまっている」

一九二三年頃といえば、人間の行為に意識が関与していることなど研究対象になりえなかった時代です。この時期こそヴィゴツキーの時代でもあるのですが、新しい唯物論的心理学にとって「意識」の問題こそ大事であると主張したことは、現代の私どもが想像できないような大事件であったのです。のちに彼の教え子となり、後継者の一人となるダニール・ボリソーヴィチ・エリコニンは次のように記しています。「この時期、心理学者たちの中で彼（ヴィゴツキー）こそが、心理学を反射学と生理学で吸収してしまうことに異を唱え、この問題を極めて鋭く、執拗に提起した唯一の人物である。これらの論文によってあたかも彼は、自分のその後の研究計画を立てたかのようだ」

ゴメリやモスクワでの教師体験を一般化し、手稿のままで手元に置いていた『教育心理学』を完成させ、刊行（一九二六年）しました。彼にとっては最初の大著で、世界的には『教育心理学』という領域を開拓した最初の著作とみなされています。

さてゴメリからモスクワにやってくる二七歳のヴィゴツキーの鞄には、もう一つ未完の手稿「芸術心理学」が入っていました。それは人間にとって芸術作品が与える影響の謎に関する思想でした。ヴィゴツキーが心理学に向かっていく道筋の出発点は文学と芸術学でした。Ａ・Ｎ・レオンチェフの表現を借りるならば、「芸術」の心理学から芸術の「心理学」へと移ったのでした。学生時代ゴメリに帰省した時、第一稿のハムレットを書いていたのを思い出しましょう。

モスクワで教育心理学を刊行して、すぐに彼は『芸術心理学』の刊行に向けて仕事をしました。実はこの本はヴィゴツキー存命当時には刊行されず、何と一九六五年になってV・V・イヴァーノフ（一九二九―二〇一七）によって出版されました。その際イヴァーノフの注として「『芸術心理学』の文章は変更されることはなかったが、省略がいくつか行われ、いろいろな引用が排除されるというようなことがあった」と説明がつけられていました。それはヴィゴツキーには大切な引用であったのですが、当時のこの国においては何らかの事情で活字にすることができなかったのだと考えられます。

しかし、一九二三年ごろには研究や創作に打ち込める立場に立てたはずのヴィゴツキーは、完成していた『芸術心理学』をなぜすぐに出版しなかったのでしょうか。あるいは、できなかったのでしょうか。いずれにせよ、この完成稿は彼にとって大事な著作であり、自身にとって大いに価値のある本でした。ヴィゴツキーはレニングラードの出版社と四八万字数分の『芸術心理学』を刊行する契約書を用意していました。

ゴメリ時代から年下の友人で、モスクワで再会していたセミョーン・ドーブキン（セーニャ）はこの点について次のような分析をしています。ヴィゴツキーがモスクワに来たばかりの頃には、周囲からの承認があり、非常に良い研究条件に恵まれたように思えたのですが、一九二五年頃から次第に、専門家とか学者とか芸術家という人々への不信が、ある意味意図的に世論として作りあげられてきて「それは正しくない」というように流布され始めたというのです。意味が分からず表面上の表記からのみ判断するような無知の人々が、いい加減な判断をする傾向が出てきました。それは、つまり故意に作りあげられたという方が正しいのですが。そうなると研究者、専門家、芸術家は創作を公けにすることをためらうようになりました。ヴィゴツキーの周辺でもこのような不快で暗い雰囲気が忍び寄ってくるようになりました。それをヴィゴツキーは痛々しく敏感に感じ取っていました。

彼の完成稿『芸術心理学』は、心理学という用語で隠されていますが、「芸術哲学」である、とする考えもあります。芸術哲学について著したのであるが、心理学の「立場」で公職についていたので『芸術心理学』と題目を付けた方が刊行しやすい、と思った、とする説です。

いずれにせよヴィゴツキーは、この本を大切にしたかったので、今は刊行に適さない、と時代の空気を読んだのかもしれません。

さらに、もう一つ刊行を阻んだある理由があります。それは彼の病気です。この頃彼の病気は悪化していたのです。ヴィゴツキーがモスクワにやってきた後、友人セーニャ・ドープキンに手紙で次のように伝えました。自分は今、重病であること、もう生きられないので自分の願いをきいてほしい。ユーリー・アイヘンヴァリド先生の所に行って、今、自分に起きていることを伝えて、自分の死後この著作が刊行できるよう何らかの手立てをお願いしたい、と頼んでほしい、という内容でした。ドープキンは、もちろんアイヘンヴァリドのもとに行きました。アイヘンヴァリドはヴィゴツキーが学んだシァニャフスキー大学の講師で革命前の最も有名な文化批評家の一人です。彼はヴィゴツキーのよき理解者で、共感者であり、もちろん約束をしました。

ドープキンは、そのことをヴィゴツキーに伝え、依頼を実行したこと、アイヘンヴァリド先生がどう対応したかも伝えました。幸運なことに、その数か月後、ヴィゴツキーの病状は回復に向かいました。

これらのことから一九二〇年代半ばから後半にかけて、ヴィゴツキーは自分の死が早いことを既に感じとっていたと言うことができるでしょう。彼には時間がなかったし、急いで仕事をしなければなりませんでした。

なおアイヘンヴァリドについて言うならば、彼はヴィゴツキーにとって精神的な父親でもありました。しかし彼は一九二二年に国外に出て、一九二八年ベルリンで亡くなっています。ユーリー・アイヘンヴァリドは、どのような人物だったのでしょうか。彼は十月革命後のレーニンのボルシェヴィズムを受け入れることができませんでした。そのような共産主義への強い抵抗感から彼はやがて国外で生きる道を選びました。そしてまもなく帰らぬ人となったのです。この頃ヴィゴツキーは故郷ゴメリで教師の仕事をしていたので、一九二四年に再びモスクワに来ても、もうアイヘンヴァリド先生はモスクワにいなかったのです。ヴィゴツキーは学生時代に十月革命を迎えました。それを彼は、積極的ではないにせよ、受け入れていたことになります。彼はまだ若く、自分の学問への夢が政治的な関心より勝っていたのでしょう。

結局アイヘンヴァリドとヴィゴツキーは別々の道を歩んだことになります。ヴィゴツキーの「ハムレット」の原稿をアイヘンヴァリドが持っていたとしても、前述のような事情で刊行までこぎつけることはできませんでした。アイヘンヴァリドは、偉大な人物であるに違いなく、ロシアの人文科学の巨匠であり、その主要なテーマは「文学的言語」にありました。ヴィゴツキーの卒業論文「ハムレット」をアイヘンヴァリド先生は「心理学」としてではなく「芸術学」として見ていたのでしょう。ヴィゴツキーの「ハムレット」研究は、アイヘンヴァリド先生の存在によってはじめて完成したのです。

ヴィゴツキーの信頼できる友人の一人に、著名な映画監督セルゲイ・エイゼンシュテイン（一八九八—一九四八）がいます。エイゼンシュテインはヴィゴツキーについてこう評しています。「この不可思議に刈り込まれた髪の人物を愛した。この髪はチフスかそのほかの、髪を剃ってしまう病気の後、ずっと伸ばそうとしていたようだ。不可思議に撫でつけられた髪の下から、わが時代のもっとも輝かしき心理学者の目が世界を見ていた」

ヴィゴツキーの『芸術心理学』の手稿（タイプ原稿）は、友人エイゼンシュテインの資料庫から見つかったのです。それが二人の間柄を物語っているでしょう。モスクワに一九二四年に来てから、このエイゼンシュテインと出会ったことは、ともに芸術と心理学を追求する同志を得たということになります。自分の原稿をエイゼンシュテインに見せたのです。ヴィゴツキーは自分のもしもの時を考えていたのかもしれません。しかし二人とも、この著作が本になって刊行されるのを自身の目で見ることはできなかったのです。

ヴィゴツキーとエイゼンシュテインの出会いは、一九二五年ごろ、モスクワでのことです。エイゼンシュテインは、ヴィゴツキー、ルリヤ、N・Ya・マールらと、映画言語、芸術創造の過程、そして芸術現象そのものに係る問題を分析することを任務とする研究実験室をつくろうと考えていました。ヴィゴツキーの『芸術心理学』の原稿を知り、エイゼンシュテインはそれを読んでいたのです。メモ

V.V. イヴァーノフ

や下線が残っていました。それはエイゼンシュテインの資料庫で長い間、保管されていたのでした。それはヴィゴツキーの私家資料庫にあったものよりも完全な形で発見されたということです。現在、私たちが手にすることのできる『芸術心理学』は、エイゼンシュテインの保存していたものを一九六五年にヴャチェスラフ・フセヴォロドヴィチ・イヴァーノフが出版したものです。発行はイスクーストヴォ社によってなされました。もしエイゼンシュテインとヴィゴツキーが親友でなかったとしたら、今私たちはこの著作を読むことはできなかったでしょう。そして、ヴィゴツキーもエイゼンシュテインも亡くなってから、あえてこの本を刊行したイヴァーノフの役割も高く評価しなければなりません。

そのヴァチェスラフ・フセヴォロドヴィチ・イヴァーノフとはどのような人物なのでしょうか。V・V・イヴァーノフは、一九二九年モスクワ生まれでソビエトそしてロシアに生きた国際的言語学者であり、文学者、人類学者です。また記号論の研究者としても有名です。彼はヴィゴツキーを天才と見たうえで、後の現代心理言語学や芸術における言語論の先駆け的な役割を明確にしたのです。この『芸術心理学』には、そのような観点からの注釈がイヴァーノフによって添えられています。彼の仕事は海外の大学や国際的アカデミーに及び、二〇一七年ロサンゼルスで没しました。筆者は本稿執筆中にそれをイーゴリ・レイフ氏より知らされました。ヴィゴツキーの芸術学における天分と業績をイヴァーノフという別の天才が見出したと言って過言ではないでしょう。興味深いことにエイゼンシュテインが所有していたヴィゴツキーのタイプ打ち原稿には、エイゼンシュテインのメモ書きや下線がたくさんあり、ヴィゴツキーの思考に大いに注目していたと言えるのです。例えば、それは「……秘訣……は内容を形式で消し去ること」というヴィゴツキーの思考です。

なお『芸術心理学』は、初版一九六五年の後、一九六八年には、А・Ｎ・レオンチェフの序が付けられ、その第二版には、彼が卒業研究として残した『デンマークの王子ハムレットの悲劇。ウィリヤム・シェークスピア』が巻末に収められたのでした。ヴィゴツキーの若き時代の著作が五〇年後、書物となって世に出たのです。一九六五年に発行された本は店頭からすぐに消えてしまった、と言われるくらい読まれました。

第Ⅴ章
欠陥学を心理学の光に

1 自ら望んだ障害児教育担当

ヴィゴツキーの伝記作家たち、すなわち娘ギータ・ヴィゴヅカヤやタマーラ・ミハイロヴナ、イーゴリ・レイフ、アレクセイ・A・レオンチェフ、そして友人のセミョーン・ドープキン（セーニャ）らは、ヴィゴツキーの障害児教育への関わりを重視して伝記本の中に特別な章を立てています。ヴィゴツキーの仕事といえば『思考と言語』があまりにも有名ですが、彼の人生を見た場合、彼は欠陥学の研究者・実践者であったことを無視することはできません。それどころか彼の人生はそれに向かって進んでいったようにさえ見えます。年を追うごとに、この領域での仕事は増え、研究著作の数もこの分野を扱ったものが多くなりました。

古い欠陥学から新しい欠陥学に改革し、ソビエトの障害児教育における理論と実践を方向づけたのはまちがいなくヴィゴツキーでしたし、現代のロシアの障害児教育領域あるいは障害児心理学の分野の研究者たちは、ヴィゴツキーを自分たちの創始者と見なしています。やがて彼の考えは世界中のこの分野の研究者・実践者、親たちに響くものになりました。

再びモスクワに上京したのが一九二四年、他のあらゆる研究活動についても同じことが言えるのですが、ヴィゴツキーが欠陥学の領域で仕事ができたのは、あとわずかに一〇年間だけしか残されていませんでした。一九三四年の死までの一〇年間は、彼の創作活動や多方面での仕事が爆発的に行われた日々であると同時に自らの結核との闘いの日々であり、家庭的な幸せに恵まれた一方、スターリンの圧力に脅かされ続けた苦しみの日々でもありました。

実験欠陥学研究所（ЭДИ エ・ディ・イ）

現 ロシア教育アカデミー附属治療研究所
2016.9.27

ここでは欠陥学の分野でのヴィゴツキーに目を向けて見ましょう。

まず最初に、彼の子ども時代を思い出しましょう。家には八人の子どもがいて、長男ベーバ・ヴィゴツキーは幼い弟妹の面倒をよくみる兄でした。幼なじみのセーニャの話によれば、いつも年下の子どもたちに何か話したり、詩を詠んであげていたということです。このようにして子どもたちを大事にすることは、彼にとって自然であり当たり前のことであったかもしれませんが、誰もがそうできたわけでもありません。幼い子どもたちをかわいがることは、天性のものでもあり、両親の影響でもあるのでしょう。のちに心理学から児童心理学へ、そして「児童欠陥学」へと、自分の仕事をより実践的な面に向けていったのは自然なことであったかも知れません。自分の役割を自覚し、先見するのはヴィゴツキーの生き方の特徴でした。自分がやらずして他の誰がやるのか、という強い思いが彼を常に突き動かしたのでしょう。

大学卒業後ゴメリに帰ってからは、内戦の時期と重なり、子どもたちの悲惨な状況を目の当たりにしました。そして弟たちの死。障害のある子どもや、孤児、病気の子どもたちに何か自分ができることはないか、と考えていました。

一九二四年は欠陥学におけるヴィゴツキーの歩みが始まった時と言えます。前述した実験心理学研究所の仕事とほぼ同時に、教育人民委員部（言わば教育省＝著者）の欠陥児・知的遅滞児教育課の主任を兼務していたのです。レフ・ヴィゴツキーが欠陥学の仕事を「自分の仕事」と考えていた一つの根拠は、この時、教育人民委員部に提出した採用調書の、希望部署を問う「自分は、どの部署で最も自分を活かすことができるか」というアンケート項目に対する彼の答えです。ヴィゴツキーが記入した答えは「盲ろうあ児の教育」でした。これは、「盲児やろう児の教育分野」という意味ではありません。当時は、まだ学校教育にはとてもなじまないと考えられていた「盲ろうで唖状態の重複障害児」の教育分野という意味です。ヴィゴツキーらしく最も困難な、誰もがやろうとしないことを選んだの

サカリャンスキーとオリガ，S（盲ろうの女性）

だと解釈できますが、このように答えたのには少し別の理由があります。この頃ウクライナでは、イワン・アファナーシェヴィチ・サカリャンスキー（一八九四―一九六〇）が、盲ろうあ児のためのハリコフ・クリニック学校（ハリコフ市）を創設し、彼が取り組んでいた盲ろうあ児教育の成功が広く知られるようになっていたのでした。サカリャンスキーの盲ろうあ児教育は、生理学、つまりセチェノフ（一八二九―一九〇五）やベヒチェーレフ（一八五七―一九二七）の流れをくむ反射学に基づいた考え方によるものでした。彼は盲ろうあ児教育の成功例を報告し、その教え子オリガ・スコロホードワ（一九一一―八二）とともに国際的にも知られていたのです。ヴィゴツキーは、サカリャンスキーのメソッドを強く意識していました。ヴィゴツキーは、より心理学的な観点を障害児教育に導入しなければと直感していたのでしょう。

これからお話しする欠陥学研究所にヴィゴツキーは仕事のポジションを持つわけですが、彼の死後四、五年して、サカリャンスキーがモスクワのその欠陥学研究所に来ることになったのも運命だったのかもしれません。ソビエトの障害児教育は、この二人、生理学的に教育方法を確立したサカリャンスキーと、心理学的に教育方法を確立したヴィゴツキーなしに語ることはできないでしょう。

実験欠陥学研究所の創設者I・I・ダニュシェフスキー

の推挙によってレフ・ヴィゴツキーは、一九二四年七月一日付で「ロシア共和国教育人民委員部社会教育局、未成年者の社会的・権利的保護部、知的障害児教育課主任」に任命されました。そしてすぐに一九二五年から二六年にかけてモスクワ市パゴージンスカヤ通り八番地にあった教育人民委員部の医学・教育学研究施設内に異常時心理学の実験室を設けました。一九二九年には、それが母体となって教育人民部の実験・欠陥学研究所が設けられ、ヴィゴツキーはその指導的研究員となりました。所長はダニュシェフスキーでした。ダニュシェフスキーとヴィゴツキーは、ゴメリ時代からの知り合いでした。この研究所は、のちにソ連邦教育科学アカデミー・欠陥学研究所となり、現在ではロシア教育アカデミー・治療教育研究所として国のこの分野のセンターとしての役割を果たしています。

ここで、用語について少し補足をしておきましょう。「欠陥学《デフェクトローギヤ》」（英語式に表すとデフェクトロジー）、「異常児《アブノーマルチルドレン》」、「盲ろうあ児」といった表現については違和感を覚えられる読者も多いかもしれません。本書は、伝記本であることをその使命と考えていますので、ヴィゴツキーの生きていた時代に用いられていた表現をそのまま使用することをお許しいただきたいと思います。

もちろん現在ロシアでは「欠陥学」ということばは用いられていません。「欠陥学」は学問を示す歴史的名称としてのみ使われます。とは言え「欠陥学研究者」「欠陥学者」は、あまり使われませんし、ずいぶん古い時代の話というイメージを起こします。ソビエト時代の辞典によれば、欠陥学とは、身体的、心理学的な障害を持つ子どもたちの発達、教育、コミュニケーションの法則性についての学問で、ろう教育学（ろうや難聴の子どもたちの教育についての学問）、「盲教育学」（盲や弱視児の教育を研究する学問）、というように障害種別ごとに分かれていました。あえて現代風に言うならば、「障害学」

というよりはむしろ「障害児教育学」と言った方が近いでしょう。

ところでヴィゴツキーは「異常児」という表現をよく用いましたが、その背景には例えば盲児は「欠陥児」ではなく「異常児」であるという考えがあると思えます。すなわち、その子のあらゆる心理機能は通常とは別のチャンネルによって構成されてはいるが、いずれにせよ視覚は障害を受けていても、全く十分な価値を有する一人の子どもである、という思想です。今日、我々は「異常児」という表現も用いませんが「別な発達の経路をたどる子ども」という発想は納得のいくものであり、むしろ現代的な解釈を先取りしていたとさえ思えるのです。

ではヴィゴツキーは、欠陥学にどんな変化をもたらしたのでしょうか。ヴィゴツキーは知識階級に属する活動家であったので、国にとっての困難かつ重要な、浮浪児問題と、発達に偏りがある子どもたちのための仕事から逃げるわけにはいかなかったのでしょうし、もとより子どもたちの姿を見て見ぬふりをすることなど、彼にはできなかったのです。革命前、このような子どもたちは親に任されるか、個人的な慈善活動に頼るしかなかったのでした。ソビエト政権下になって異常児の教育と養育、そして保護に関する仕事は、教育人民委員部と保健人民委員部の管轄下の機能に組み込まれました。特殊学校のネットは不十分でしたし、専門スタッフの養成もままならず、異常児の教授と養育の理論は旧式の教条主義的なままでした。一般の生活から切り離された所での訓練主義では、可能性を見出すことはできなかったのです。子どもの人格形成や社会での適応という観点すらないに等しい状態でした。

一九二四年には発達の偏りのある子どもたちの教育システムを再編する必要性が熟していました。

この年モスクワで開かれた「第二回未成年者の社会的・権利的保護に関する大会（СПОН《エス・ペー・オー・エヌ》）は、これまでの経験を再評価し、意味づけをし直す大会となりました。

この大会へのガイドブックとしてヴィゴツキーは「盲児、ろうあ児および知的遅滞児の教育の諸問題」を出版しました。それによれば、この問題への着目が遅れたのは歴史的、国家経済的な理由であり、我々は最小限要求者であらねばならなかったのです。ソビエト政権になって七年経ち、創造的な仕事が期待される時期が来たとヴィゴツキーは直感しました。彼は書いています。「目的に向かう途上では誤りを犯すことを避けるのはできないかもしれないが、しかしなるべく正しい方向に最初の第一歩を踏み出すことが重要である」と。この序文は次のようにしめくくられています。「まさにロシアにおいて、盲児、ろうあ児、および知的遅滞児の教育問題は、世界のほかの国々よりも先に完全な解決を得るだろう。なぜならば、その元々の本質から言って、これは社会的な問題であるわけであるから、ロシアにおいてこそ、それは新しい社会的な次元で問題を設定することができるからである」

第二回СПОН大会の準備は約一年を要し、第一回大会の総括に加え「子どもの家」等の施設建設や指導活動、身体的欠陥および知的遅滞児の教育と養育、戦争のために増加したかなりの数の「浮浪児」の社会教育に関して新しい道筋を示すことにありました。障害児教育のネットワークづくりは、盲児、ろう児、知的遅滞児の三部門で進められ、これら三分科会の基調報告は主任であったヴィゴツキーによって行われたのです。その報告資料はナジェジダ・コンスタンチーノヴナ・クルプスカヤ（レーニンの夫人で国家学術会議参与、次官、教育分野の最高指導者の一人、一八六九―一九三九）に注目され、実践的な意味づけと、通常学校教育の条件に近づける方法、そして労働生活に参加させる方途をより正確にするよう彼女から指示が与えられました。

一九二四年十一月二十六日、これらの諸点を考慮してヴィゴツキーは、モスクワに来て文字通り間もなかったわけですが、「身体的欠陥児および知的遅滞児の教育分野における現状と課題について」と題する基調報告を行いました。

結果は？　反応は？　それは後々の語りぐさとなった次の記述を示すのが最もよいでしょう。のちの欠陥学研究所所長になるD・Iアズブーキンの記述です。


「一九二四年の会議から戻ってきた欠陥学者たちは、前回の会議から戻ってきた時と違っていた。彼らはまったく別人のようによみがえってこの大会から戻ってきた。ここで重要だったのは、L・S・ヴィゴツキーの報告だった。その時初めて多くの欠陥学者たちは彼を知った。レフ・セミョーノヴィチの報告は、文字通り晴天の霹靂《へきれき》で、予期せぬものであり、すべての欠陥学者たちを一変させた。L・S・ヴィゴツキーの報告は、初めはかなりいぶかしげに受け取られ、大多数の人々は周囲をうかがい、時折、肩をすくめて憤慨し当惑を隠さなかった。まるで嵐のようなつらい結末を待つかのようであった。しかしレフ・セミョーノヴィチの奥深い確信、魅力的な声、真なる教養と博識が随所に示されていた。すべての人々は、自分たちの前にいる人物が無責任で血の気の多い若者ではなく、欠陥学の指導者に値する偉大な知性の持ち主であることを次第に理解し始めた。憤慨したり、周囲をうかがったり、肩をすくめていた人々は、やがて少なくなっていった。突如として欠陥学にやってきた新人、まだよく知られていなかったにもかかわらず、どことなく特別で将来を期待できそうなこの人物に、次第にすべての人々が、とりわけ鋭い注意を向け、注視し、まだ半信半疑とはいえ、既にかすかな尊敬心さえ感じ、聴き入ったのである。この会議は、古いソビエト欠陥学と新しいソビエト欠陥学との間に敷かれた輝かしい路線となった。……」

（T・M・リーファノワの学位論文からの引用）

ヴィゴツキーの報告は、それまでの障害児教育の経験を特徴づけ、一般化したもので、通常学校からの「孤立」を解消するための条件整備、統一的なニーズを定めること、子どもたちを社会的有用労働に参加させる必要性と可能性を確認すること、から成る思想によって組み立てられていました。加えて、説得力のある話し方や、個々の問題も重大な問題も丁寧に取り上げる彼の話法は、もう既に読者の皆さんにもご想像がつくでしょう、これまでの彼の人前で話をする時のやり方とまったく同じだったのです。テーマ・内容が、文学や演劇ではなく、欠陥学や心理学に移っただけで、その歴史主義は同じなのです。つまり昨日と明日を見つめ、今を考える、例のやり方だったのです。彼の基調報告はその後のソビエト欠陥学の発展にとって理論的な基礎となったことは言うまでもありません。でも驚くことはまだあります。こののち、ヴィゴツキーは自ら子どもや親・家族の相談活動をし、障害のある子どもたちの直接的・実際的支援を行い始めたのです。彼の教育相談や臨床的なカンファレンスを知るためにモスクワ中から人々がやってくるようになったのです。

一九二四年にゴメリから再びモスクワに来て以降、生涯を閉じるまで障害児教育の仕事は続けられ、彼の研究そのものとして位置づけられました。このことについては改めて述べることとし、ヴィゴツキーの人生と仕事の経過について話を続けましょう。

2　ロンドン旅行の写真

СПОН第二回大会の報告で、ヴィゴツキーは欠陥学の分野を革新し、彼の画期的な考え方とこの領域における活動は注目されるようになりました。この分野の新しい専門家としてヴィゴツキーは認められたのです。

折しも一九二五年、イギリス政府からソビエト連邦政府に対して、七月二十日から二十五日にかけてロンドンで開催される「ろうあ児教育に関する国際大会」への参加招聘状が届きました。ロシア共和国教育人民部は、欠陥学分野のロシア代表としてレフ・ヴィゴツキーに白羽の矢を立てました。

1925年ベルリンにて撮影

こうしてヴィゴツキーは、イギリスの大会に参加し、加えてドイツ、オランダ、フランスで障害児療育問題を調査すること、ロシアにおける、ろうあ児の社会教育の原理と組織化について報告を行うことを任務とする国外視察に出かけることとなりました。

よく用いられるヴィゴツキーの肖像写真はこの出張の最中、ベルリンで撮影されたものです。

文献では熟知していたヨーロッパへの出張の旅。それはヴィゴツキーにとって喜びと誇りであったに違いありません。しかし、これは彼にとって最初で最後の国外旅行でした。（後年、アメリカから招待依頼があったのですが、それは実現しませんでした）少年時代からの飛翔への夢が実現することになりました。

この旅行に先駆けてレフ・セミョーノヴィチ・ヴィゴツキーは、下級研究員の自分からすれば最高位の上司であった、時の教育人民委員（教育大臣に相当する＝著者）アナトリー・ワシリエヴィチ・ルナチャールスキー（一八七五―一九三三）から文書による指示を受け取っていました。そこには大会の分科会に出席し、ろう教育に関する欧米の状況を把握すること、ソビエトでの、ろう教育の原理・組織化、方法論の特徴を詳述し、参加者に配布すること、ロシアの展示コーナーでは参加各国の人々に関心と満足を持ってもらうこと、そして帰国後、直ちに報告書を提示すること、が記されていました。

彼はソビエトの欠陥学を外国に紹介する仕事を委ねられた最初の専門家でした。そして「ロシアにおける、ろうあ児の社会教育の原理」を報告しました。この資料は英語で印刷されています。ロシア語版は一九二八年に刊行された選集六巻本に収められています。

この一九二五年のロンドン大会は、世界ろう教育史上にとっても画期的な大会でした。何人かの参加者たちは、モスクワ大学の精力的な助教授レフ・ヴィゴツキーについて新聞に記事を残しています。またヴィゴツキーも、チェコ、ベルリン、フランス、そのほか多くの国の代表団と交流し施設訪問に参加しました。このロンドン大会への出張の際の集合写真には最も若い参加者であったヴィゴツキーの姿が写っています。

欠陥学が対象とする子どもたちは、ろう児、盲児、知的障害児、運動障害児、さらにはそれらが重複したケース、病気の子どもたち、さまざまな社会的要因によるものも含めて、数多くの困難な子どもたちが含められます。ヴィゴツキーは障害種別ごとの細分化された治療的アプローチを採りませんでした。このような子どもたちを正常な発達の道筋に修正するのではなく、その子どもなりの「回り道」をすることを提起したのです。彼は大きな心理学と教育学で欠陥学をとらえたのです。支援されることによって、あるいは別の方法や手立てを使うことによってやがてできるようになることを重視しました。

障害児教育に関わるヴィゴツキーの論文は実に多く、有名な六巻本選集の中の一巻がそれに丸々当てられています。

ろう教育の国際大会で発表したことは、ヴィゴツキーにとって大きな自信と意味を生じさせました。同時に一九二五年は、レフ・セミョーノヴィチ・ヴィゴツキーにとっては、初めての国外出張旅行と招待報告という国際的なデヴュー、そして博士候補論文の完成とその審査、そして何よりも結核の病が悪化し切迫した年月でもあったのです。

芸術心理学は、前述したように、この年には刊行されず約四〇年後に世に出ました。この間の事情についてはやや補足しておくことが必要でしょう。

国外視察から戻ると、病気が重くなったにもかかわらず、彼は一九二五年の秋に予定されていた学位論文審査に向けて準備をしました。資格審査委員会は、高等教育機関での講義を行うこと、上級研究員として「芸術心理学」のテーマで博士論文を刊行することを許可しました。しかもヴィゴツキーが病気であること、上司であるコルニーロフらの評価が好意的であることを考慮し、博士論文の公刊を免じた上で高等教育機関での講義を可としたのです。勤務先であった実験心理学研究所評議会もこれを承認しています。

十一月九日ヴィゴツキーはレニングラードの国立出版社と刊行契約を結びました。しかし実際には印刷されなかったのです。公刊するために研究所からの公文書を取得することが必要だったのですが、それには「本書の印刷に関わる全費用と責任はヴィゴツキーが負うものとする」とされていました。病状が重くなったヴィゴツキーには刊行のための余力がなかった、と考えるのが自然かもしれません。

繰り返しになりますが、それから四〇年後ヴャチェスラフ・フセヴォロド・イヴァーノフによって、この著書は一九六五年にようやく刊行されました。それにアレクセイ・ニカラエヴィチ・レオンチェフが序文を付けた第二版は一九六八年に出され、それには付録として最初の著作『デンマークの王子ハムレットについての悲劇、W・シェークスピア』が追加されました。第三版は一九八六年に六巻本選集の一部として刊行されています。

一九二五年、十二月四日に彼は入院しました。それは療養所「ザハリイノ」でヒームキ駅の近くでした。こうして彼は療養所で年を越すことになってしまいました。診断書には次のように書かれています。

「L・S・ヴィゴツキー。一九二五年十一月二十一日より一九二六年五月二十二日まで療養す。肺結核につき、著しい出血が診られるも、現在、重度の右側肺気胸と重度の右側肋膜災のため自立移動不可。よって少なくとも加えて一か月間の床上での療養を要す」

一九二六年六月八日ヴィゴツキーは障害度第二級と認定されました。この年が終わろうとする頃、ようやく仕事ができるようになりました。実はこの一九二六年こそ大作『教育心理学』が発刊された年なのです。

3　欠陥学の実践と心理学思想そして闘病

ヴィゴツキーは当時の欠陥学に単身で乗り込み、それを大きな心理学で建て直しました。細部に残っていた訓練主義を革新しました。彼の思想とは、イーゴリ・レイフによれば「障害は判決ではないこと、そして重要なことはその自然的な結果ではなく、その社会的な結果であること、そしてさらに運命を避けることができないでいる子どもは、自分が手にすることのできたあらゆる方法を用いて、自らのうちにある可能性の富を実現化しようと他の誰よりももがいているのである」という思想です。

当時の知的障害児の教育は一言で言えば指示―命令的な、訓練主義のものでした。例えば、一、二、三、……と数唱させながら静かにさせる、とか、同じ姿勢を取らせる時間を、一〇秒、二〇秒、と延ばしていく、というようなもので、単純動作の反復、忍耐力の訓練のようなやり方が支配していました。それが当時主流の知的障害児教育学だったのです。知的障害の子どもや大人たちにとって、自分の生活の歯車に噛み合っていない行動や心理状態を強いる教育方法は、百害にあって一利なしであることを既にヴィゴツキーは見抜いていました。

またヴィゴツキーは障害のある子どもを社会的な文脈から切り離すことを強く批判し、過保護や溺愛も、無視・放任も教育的にはあってはならないと指摘しました。障害のある子どもたちは、過剰な世話や配慮に囲まれるか、あるいは家でも地域社会でも厄介者、足手まといにされる傾向がありますが、いずれにせよ社会的な文脈からすれば不完全な状態に置かれます。ヴィゴツキーはこの状態を「社会的脱臼」と呼びました。やがてこれらのことは、もともとの障害のうえに本人には無自覚のまま生活上の不自由や孤立感を積み重ねてしまい、自分から何かしようという意欲さえ失わせてしまうのです。現代風に言えば二次障害を引き起こすということです。ヴィゴツキーは盲人シチェルビーナのことばを引用しています。「(周囲の)嘆きやため息は盲人の生活すべての成り行きにおいて、その人の道連れとなる。こうして、ゆっくりと、だが確実に、甚大な破壊活動が行われていく」と。

ヴィゴツキーは理解していました。障害はその人の心理的身体にとっては重大な損害であるだけでなく、また深刻な損失であるだけではなく、逆にそれをカバーしようとする心理身体力を発達させるための正の刺激になりうると。目の見えない人は世界をより広く知ろうとする。耳のきこえない人は人の言っていることをより知ろうとする、という考え方であり、知的障害の子どもたちは、むしろ学びたがっているので、さまざまな工夫や手段を用いることによって学習が可能になるという考え方です。ヴィゴツキーは、これを「超補償」、「回り道」と表現しました。障害ゆえにその個人に生じた劣等感情や劣等性に対抗する人格発達の原動力を見たのでした。一見、マイナスに見えるものもプラスに変わりうる、という思想です。ヴィゴツキーは次のように付け加えています。「教育者にとっては、何と開放的な真実なのだろうか。盲人は失った機能のうえに、視力の代理をする、という課題をもった心理的な上部構造を発達させる。ろう者は、あらゆる手段を用いて、唖から生じる孤立や分離を克服しようとするための方法を作り上げる。今までわれわれは、このような心理的な力を考慮せずに、いたずらに過ごしてきた。これは健康でありたい、社会的に完全でありたいとする意志であり、このような子どもたちには盛んに湧き出ている。〈中略〉われわれは障害が心理的な貧しさであるだけでなく、富の源泉であり、弱さだけではなく強さの源泉でもある、ということを知らずにいた」

ヴィゴツキーは実験欠陥学研究所をはじめとして、障害のある子どもたちの教育相談を積極的に指導しました。オープン・カンファレンスの場は、当時の教育関係者が集う所となっていました。そのような場面についてのエピソードがいくつも伝えられています。

ヴィゴツキーに紹介されたのは、ある地方の県から連れられてきた子どもでした。村中の者は皆、この少年が知能の低い子どもと見なしていましたが、ただ身内の祖父だけは、村を挙げてのそのような判断を頑として認めようとしませんでした。やがて、祖父が正しいことが明らかになりました。その孫には難聴があって、低知能状態は二次的なもので、実は見せかけの姿であったのです。その老人はヴィゴツキーに歩み寄り、深く頭を垂れてこう言ったということです。「あんた、ありがとよ、主任さん。わしの孫のこと、分かってくれてありがとよ。あんた、わしみてぃな年寄りの話もちゃんと聞いてくれよった。わしはあっちこっち行ったけど、ええ人たちに会ったんは、ここだけだで」。

ヴィゴツキーは、障害児を「欠陥児」としてとらえたのではなく、別の回路で発達していく子どもであり、一人の「子ども」であることに違いはない、と考えていました。

当時の町医者が「てんかん」と診断した子どもの相談にのった時も、ヴィゴツキーは直接その子どもと向き合い、対話をし、親には今子どもに起きている状態について解説し「てんかん」ではないことを告げました。その医者は、外面的な一症状のみで「てんかん」というレッテルを貼ってしまったのです。誠実で偽りのない話し方で親に子どもの姿を伝えたということですが、専門家が実際にその子が生活上示している心理的な姿を知ること、それを親に生き生きと伝えることが、どれだけ親子にとって必要なことであるかをヴィゴツキーは理解していたのです。生活の文脈で障害のある子どもの心理身体を理解し、保護者に伝える、このような考え方に貫かれた教育相談とカンファレンスは、彼の生涯を通して続けられました。それにしても、何と現代的な方法なのでしょう。今から百年近く前のことです。このようなカンファレンスに同席し、のちに欠陥学研究所の所長になるタチヤーナ・アレクサンドロヴナ・ヴラーソワは次のように述べています。

「相談に訪れた子どもや親に対するレフ・セミョーノヴィチ・ヴィゴツキー先生の態度は、感動的なほど忍耐強かった」

また、ザンコフは次のように回想しています。

「それは『異常児』としてではなく普通の人間として扱う心のこもった本当に人間的な対話であった。……レフ・セミョーノヴィチにとって異常児は、ただ学問的な分析対象ではなかった。

我々はレフ・セミョーノヴィチが子どもを支援するために子どもを理解しようとしていたことを、いつもはっきりと感じていた。また異常児へのこのような本当に人間的な態度は、彼が学問活動を始めた当初からいつも見られたのである」

年を追うごとに障害児教育分野でのレフ・セミョーノヴィチ・ヴィゴツキーの仕事は自身の生活の中でますます大きな位置を占めるようになりました。この仕事は彼にとって最大の結果と最大の自由と、周囲からの最大の理解を得て行うことができた創造的な仕事でもあったのです。

同時に次のことを述べないわけにもいきません。この頃、つまり一九二五年十一月から一九二六年五月まで、彼自身は結核病棟に入院していたこと、以後ずっと病身であったことです。自身が病気で入院したり療養的な生活を強いられている時、創作や研究など手につくものなのでしょうか。

ここでヴィゴツキー自身は自分の中の「超補償」を実現させていたのです。「マイナスであることをプラスにする」、「困難な時こそ、それを乗り越えようとする力となりうる」、を実践してみせたのです。彼は病人としてのありふれた生活をしませんでした。病院での長い冬、何もない時代、患者たちの咳やうめき声……彼はどうやって時を過ごしたのでしょうか。まして大部屋で、六人の患者がいて、わめいたり、ぶつぶつ言い合ったりするようなところで、小テーブルも間仕切りのカーテンもなく、兵舎のような環境で……でも彼はそれを研究の場に変えたのです。専門書の山を用意させ、構想し、書きつけたのです。それは、『心理学的危機の歴史的意味』として結実したのです。この本の意義については後述しましょう。

当時、肺結核の治療として抗生物質はまだ開発されていませんでした。吸いこんだ空気はどこかに漏れていってしまうかのようでした。折しもロンドン大会での報告の英語版が出され、欧米の研究者たちに読まれたことが彼に伝えられると、それは自分が病院から抜け出し、自由になったような気分を引き起こしてくれました。アレクサンドル・ルリヤに宛てた病院からの手紙の中でこうヴィゴツキーは書いています。

「まるで私は山の新鮮な空気を飲み込んでいるようだ。まったく圧迫されているようなモスクワの部屋から、果てしない空間に飛び出したみたいな気分だし、本当に私の気胸が一瞬にして消えてしまったようだ」

しかし彼の病気は遠くには行ってくれないばかりか、次第に彼の自由を狭めていきました。

第Ⅵ章　心理学の危機

1　『心理学的危機の歴史的意味』

この著作はヴィゴツキーが病床で書き上げたものです。脱稿は一九二七年ですが本として出版されたのは、何と一九八二年になってヴィゴツキー選集六巻本の一巻の中に収められた時です。この原稿のまま、それがひそかに保存され、後世になってようやく陽の目をみたのでした。

ヴィゴツキーの頃までに世界にはさまざまな心理学が存在していました。行動主義の心理学、ゲシュタルト心理学、精神分析と呼ばれる心理学、人格主義の心理学、等です。いずれも他との違いを強調する流派となっていました。その流派間の争いこそ心理学の危機であったわけですが、それを防ぐには折衷的な接近を考えるしか当時にはすべがなかったのです。

病床にありながらヴィゴツキーは、それぞれの心理学の源流をたどり、これら諸派の原理ともいえる哲学的出発点を明らかにしようと試みました。誰にも邪魔されず、このような根本的な仕事をし、

（上段左から）ウィリアム・ジェームズ、ワトソン、ヴォルフガング・ケーラー、フロイト、クルト・レヴィン
（下段左から）クルト・コフカ、パヴロフ、パーヴェル・ブロンスキー、シュテルン夫妻、アルフレッド・アドラー

考察を重ねるには結核療養所がちょうどよかったのかもしれません。分析した書籍の量は、膨大な数であったでしょう。彼は次のような結論を導きました。さまざまに異なって見える各流派も、実のところ、唯物論的心理学と観念論的心理学の二つに大別できる、というのです。

これらは、「二つの異なった和解できない科学の形であり、原理的に異なった構造をもつ、二つの知識体系である。残りのすべては、見解、学派、仮説における違いであり、それらは局部的であったり、とても複雑であったり、もつれあったり、ごちゃまぜにされたりして、よく見えなくなっている混とんとした結合をしていて、しばしばそのようなときには整理することが非常に困難な状況になる。だが、論争は実のところ、争いあっている流れすべての背後にあるのであって、影響を与えている二つの志向の間で起きているだけなのである」。

心理学を危機にさらしている原因は、ヴィゴツキーにしてみれば、心理学の将来に向けての動力でもあると考えられたのでした。なぜなら、そのような心理学の危機こそが将来の心理学を再編しようとする力になるからでした。彼によれば心理学は旧社会では発達のしようがなかったし、ヴィゴツキーの生きた時代にも発達できないままでいるので、人間が社会と個人を研究し、社会や個人についての真理を自分のものにすることができたとき、心理学は生活の中心となり、やがて新しい人間についての科学となるのでした。

トロイカ（三人組）の一人、アレクサンドル・ルリヤは、この『心理学的危機の歴史的意味』によって、ヴィゴツキーは自分自身の研究の将来や、多くの教え子たちの研究が進むべき方向を示した、と記しています。また、やはり三人組の一人レオンチェフの息子で父と同じく心理学者となったアレクセイ・アレクセイヴィチ・レオンチェフも、ヴィゴツキーは、この著作によってソビエト心理学が実践しようとしている、そしてまた将来的に実践していくであろう長期的な研究計画を定式化した、と述べています。

病床で書かれた『心理学的危機の歴史的意味』は、その後の世界心理学の歴史を創造したといっても過言ではないでしょう。彼は病身でありながらも、心理学とは何か、という根本的な問題から目をそらすことはなかったのです。

2 「文化・歴史理論」

ヴィゴツキーの生涯のうち最後の七年間、つまり一九二七年から一九三四年までは三つの都市が舞台となりました。モスクワ、レニングラード、ハリコフです。この三都市において、研究、講義、教育相談を精力的にこなしていたには違いありませんが、それは後継者の養成の時期であると同時に、政権による冷遇が露骨になってくる時期でもありました。ある意味、身の危険を感じながら国内を移動していたとも言えるのです。

しかし、この年月は最も生産的で、多面的で、実りの多かった時期であることにも違いはありません。特記すべきこととしては、一九二九年にタシケントに行き講義や学生指導をしながら長期滞在したことがあげられます。このことについては後でもう一度触れましょう。

何よりもこの時期の研究として取り上げなければならないのは、有名な「文化・歴史理論」を創始したことでしょう。言語、思考、注意、記憶、知覚、情動といった人間の心理機能を歴史的な発達の結果であるとする視座を確立する研究に没頭していたのです。ヴィゴツキーは人類・人間の社会的な経験（すなわち文化）が、高次な心理機能を形成したことを証明しようとしました。

病棟にいて長い夜を熟考で過ごしていたときから彼はずっと思い続けていました。もはや彼の思考を妨げるものは何もありませんでした。「人間の意識は歴史的な根源を持っている」これは、私たちの遠い祖先が集団的な労働をすることによって人間が身に付けたことです。それは既にマルクス主義の創始者たちが記していたことでした。しかし、なぜ現代の子どもたち、生まれて間もない子どもにも思考が発生するのでしょうか。思考だけでなく人間のすべての心理機能が、どの幼な子にも生まれるのはなぜでしょうか。ヴィゴツキーは死と闘っていた病院の日々、このことを考え続けていました。

奇跡的な回復をとげてから、破竹の勢いでヴィゴツキーは共同研究者たちをまとめ、この問題を追及しました。病後の反動でもあるのでしょう。もう時間がないと予感していたのかもしれません。著作は爆発的に増えました。仕事が多方面で増加し、役所の仕事が減りました。

ヴィゴツキーは人間の心理機能が歴史的に発生し発達したことについて、人間の社会的経験の役割に着目しました。その上で人間の行動を次の三つのアスペクトとして検討することにしたのでした。

一つには、非常に長い間の生物学的な進化の結果として。
二つには、長くて複雑な「子ども時代」の発達の過程の結果として。
三つには、人類の社会的、歴史的な発達の結果として。

この三番目の観点こそ、それまでの心理学が避けて通り過ぎてきた、最も研究されてこなかった点でした。人類の歴史的発達という誰も考えつかなかった文脈において、ヴィゴツキーは子どもたちの心理発達を分析し「文化・歴史理論」を確立しました。人間だけに特別な高次心理機能の本性が社会的産物であることを解明しようとしたのです。そして人間の心理機能の発達において、社会的なもの（文化的で「高次なもの」）と生物学的なもの（自然的で原初的、「低次なもの」）との相互関係を明らかにしようとしました。この時期、彼が残したものは、『子どもの文化的発達の問題』『心理学における道具的方法』『子どもの発達における道具と記号』『行動の歴史に関するエチュード』『高次心理機能の発達史』そして『思考と言語』と続きます。三人組・八人組の後継者たちもこの路線で研究を開始しました。A・N・レオンチェフは、「記憶と注意」、L・S・サハロフは「概念形成」、ルリヤは「情動」です。A・V・ザポロージェッツは「行為の獲得」、「選択反応の際の記号操作の役割」そしてN・G・モロゾワ(一九〇六―一九八九)は「言語の、計画化の役割」を研究しました。若い人々が文化・歴史発達論の研究に、かくも接近してくれたことをヴィゴツキーはとても喜んだということです。

しかしながら、ここでもすぐに研究が評価されたのではないことを述べなければなりません。むしろヴィゴツキーらのこの研究は二〇年代末から三〇年代に時が進むとともに、荒々しい批判の嵐にさらされました。それは「公開討論」という名の、公開追放の場であったのでした。現代からすれば、そこには科学的な研究の要素など何もなく、政治的な偏見や排除の目的しかないことは明らかです。さまざまな告発は、それぞれの著作に対して研究所内外の会議や、誌上で行われました。例えば、一九三〇年に刊行されたルリヤとの共著『行動の歴史に関するエチュード』です。この本には、猿、類人猿、子どもの行動について検討されていますが、次のような批判文書が残されています。

「ブルジョア心理学のさまざまな命題を無批判的にとらえた例がL・S・ヴィゴツキーとA・R・ルリヤの著作であるが、それらは今日に至るまで何らの本質的な批判にさらされてこなかった」「ヴィゴツキーとルリヤの見解においてはその本質における形式主義的・観念的命題が、そっくりそのまま機械的なモチーフと結びつけられている。しかしながら、ヴィゴツキーとルリヤの文化・歴史理論の、丸ごと折衷主義にもかかわらず、観念論的な命題がその方法論原則の主要な核心を構成している」

このような批判文が誰によって書かれたのか分からないのですが、いくつもこのようなものが出されているのです。これらはヴィゴツキーの存命中から繰り返し行われ、死後も激しく続いたのですが、それらは、ヴィゴツキー学派の考え方を理解できず、政権にとって都合の悪いものという見方しかできなかった人々によってなされたのでしょう。極めつけはペンネーム「ラズムィロフ」氏による次のような一文です。（ラズムイロフは、思索する、思考する、という意味がある）

「心理学の文化・歴史理論はまだ生まれたばかりであるが、それは既に理論的前線の心理学戦区に大打撃を与えた。マルクス主義の創始者たちの研究の引用によって、自分たちのにせ科学的で、マルクス主義とは無縁の側面を巧みに覆い隠しながらである。この理論は教育実践に戦闘的に導入されている」

「プロレタリア独裁と社会主義建設という条件の下で、子どもの自己中心的思考の漸次的根絶の過程を明らかにする代わりに、ヴィゴツキーとルリヤは自分たちの『エチュード』（『人間行動のためのエチュード』をさす＝著者）の中で、自己中心性を子どもの階級からではなく、子どもの生物学的な本性から取り出し、引き回している。……ヴィゴツキーとルリヤは思考の問題とその発達として、つまり歴史的なアスペクトの中で研究することを極めて鼻にかけている」

「……疑いなくヴィゴツキーとルリヤは、ブルジョワジーの影響をプロレタリアートに導入しようとする者たちである。マルクス主義を知らないまま、弁証法的唯物論を習得しないまま、この二人はあれやこれやの『流行』ブルジョワ心理学の潮流のとりことなり、マルクス主義の命題を歪め、損なわせているのだ」

このような批判は的を射ていないばかりか、政治闘争に明け暮れしながら硬直化していく当時の権力者の限界を示していると言った方がよいでしょう。ヴィゴツキーは、どのように科学を組み立て、どのような枠組みで研究したらよいか、人間の心理や精神や行動と呼ばれるものに、どのようなアプローチをすべきか、をマルクス主義に求めていたのでした。

ヴィゴツキーは、このような一方的な「書評」に対して自分なりの回答をメモとして残していましたが、そのような反論の機会が実際にあったのかどうかは定かではありません。それらのメモのまとめとして彼は次のように書いています。

「歴史的な発達は、その型の点で、生物学的な発達とは異なっている」

「原始人は、文化的な発達の低い段階にいる人間である」「『原始人』は、文化的な発達の低い段階であり、出発点である」

「生物学的に原始人であることは、文化人に比べて低いわけではない。自然的機能の点では、しばしば高い」
「生体的な機能において文化人と原始人との間に差はない」
「原始人は、完全に人間である」
「人間的な発達は、最初から社会的な発達である」
「本書（『人間の行動の歴史についてのエチュード』）には、歴史的なものと生物学的なものとの『平行論』という指摘はない。あるのは、両者の過程が一致していないという指摘である」

一方ヴィゴツキーは、この本の『エチュード』の出来映えに十分満足していたわけではないことも伝えられています。フロイト主義者的な部分、他人の研究に依っている部分、またピアジェに負うている部分等を認め、それを当時のソビエトの思想の時代的な限界であると考えました。

それにもかかわらず、本書はヴィゴツキーにとっては文化・歴史理論の本質を示し、原理を説明する上で重要な著作でした。彼は記しています。

「思考や高次心理機能全体の形が文化・歴史的に決定されること、重要なのは、これらの諸機能と社会の歴史的、社会的発達とが依存関係にあること」というヴィゴツキーの仮説は、ルリヤのウズベキスタンの辺境地方での調査研究やレオンチェフの研究によって確かめられました。

今日では名高い「文化・歴史」理論は、当時の権力者たちには理解されず、周囲の人々もヴィゴツキーに対してよそよそしくなっていきました。詩人、芸術家、同時代の学者たちのうち、ヴィゴツキーと関係の深かった人々は拘束され（のちに処刑され）る者も出ていたのです。重苦しい時代が忍びよっていました。

第Ⅶ章
回想のヴィゴツキー

1　ヴィゴツキーに会った日本人

一九二九年、ヴィゴツキーは、ある日本人とモスクワで会うことになります。その人物はヴィゴツキーの存命中に出会うことのできた唯一の日本人研究者です。それは、後の日本におけるソビエト教育学研究の先駆者、森　徳治（一八九二―一九六三、改姓前は山下徳治、森は妻の姓）です。彼は鹿児島師範学校を卒業後小学校教師を経て、小原国芳（一八八七―一九七七）に招かれ、東京の成城小学校訓導となりました。ヴィゴツキーとの出会ういきさつは次のようです。

一九二二年澤柳政太郎校長により、ペスタロッチ研究のためのドイツのマールブルク大学に五年間の留学をします。そこでナトルプ（一八五四―一九二四）教授に教育学を、イエンシュ（一八八三―一九四〇）教授に心理学を学びました。アメリカのデューイの教育について関心を抱き、一九二八年、革命後の社会主義国ソビエトの教育状況を視察しました。これが森にとっての最初の訪ソになります。そして澤柳校長の没後、成城小を去り自由学園に移りますが、一九二九年に後藤新平伯の後押しにより二度目の渡欧のチャンスを得ます。同年の暮れから翌年にかけて約一か月の間、ロシア（当時はソビエト）に滞在しました。そして時のソビエト教育の指導者たちと会います。まず後藤新平伯の紹介状をもって教育人民委員ルナチャールスキーに会い、オブニンスコエではシャツキー（一八七八―一九三四）から革命前後の教育状況や政治思想、単一労働学校の実際、コンプレックス・メソッドについて意見を交わし、さらにレニングラードでは講演を行いました。その際、児童学の代表者バーソフ（一八九二―一九三一）にも会っています。そしてモスクワに戻り、パヴロフ（一八四九―一九三六）の実験室を訪れています。

共産主義大学で教えていた女子学生の一人がイエンシュの直観像の研究をしているから、指導をしてくれないかとヴィゴツキーが森に依頼したのでした。森がマールブルク大学のイエンシュの研究室で勉強していたことを知っていたのでしょう。森は快諾し、三日間モスクワの学校をめぐり、直観像記憶の素質に恵まれた被験者をルリヤとともに捜したということです。その三人の被験者をヴィゴツキーの実験室でさらに詳しく調査したのです。ルリヤはヴィゴツキーに同伴し、森の指導を補佐したということです。この時、森は三七歳、ヴィゴツキーは三三歳、ルリヤは二七歳でした。

ヴィゴツキーが直観像の研究に注目し、教え子に研究させていた理由は、ヴィゴツキーの大著『思考と言語』の中で明らかにされています。ヴィゴツキーは、その中で「イエンシュの研究は、純粋に直観的な思考の領域においては、概念の具体的相似物あるいは直観的概念ともいうべき特別の一般化あるいは形像の連合が存在することも明らかにした。イエンシュは、これを意味づけられたコンポジションと呼んでいる。われわれは、大人の思考のいたるところにおいて、概念的思考から具体的・複合的思考へ、過度的思考への移行を観察する」と述べています。

後年、森はヴィゴツキーの『思考と言語』を邦訳（一九六二年、柴田義松訳、明治図書）として読み、実に三三年間を経て、ヴィゴツキーとイエンシュの結びつきの意味を知ることができ、なぜヴィゴツキーが直観像（直観的思考）に注目したか理解できたと、喜びの言葉を残しています。イエンシュ教授の下で四、五年学んだ日本人がソビエトのヴィゴツキーと知り合ったことは偶然ではなかったのです。森はその後、一九六五年に亡くなっています。

さて森とヴィゴツキーの出会いは、ヴィゴツキーやルリヤの人柄を私たちに伝えてくれる役割を果たしました。森は「ヴィゴツキーの思い出」と題する記事（「ソビエト教育科学」No.5、明治図書、一九六二）の中で次のように記しています。

「私は前述のように何人かの指導者たちに会った中で、シャツキーも忘れ難い一人であるが、ヴィゴツキーは、それとは全く別の意味で懐かしい人間である。彼の想い出は、いつも、明るい谷間のそよ風のようにおだやかに、やさしく、温かく呼びかけてくれる。親切で、しかも彼のいるところにはどこでも、何か気品のある雰囲気が漂っていた……」

実験の最中も、被験者に対し不自然ではなく自然な関わりに努めていたヴィゴツキーがうかがわれます。

左團次とエイゼンシュテイン

森によれば、大の演劇ファンであったヴィゴツキーは、森に出会ったとき、最初に歌舞伎の左團次のことを口にしたと言います。それは、一九二八年二代目左團次がソ連邦対外文化協会の求めにより、七月二十六日からモスクワ公演をして、それを観たことを告げたのでした。「モスクワ公演一週間、毎日欠かさず観劇し、ほんとにすばらしかった」とヴィゴツキーが挨拶で述べたということです。一座のモスクワ公演は、史上初の海外歌舞伎公演でした。演目は「仮名手本忠臣蔵」「忠臣蔵」「娘道成寺」でした。道中ロシア各地で大歓迎を受けた一座への熱狂は「当地露側ノ歓迎振リハ義理一遍的ノモノニ非ズ　所謂息ヲモ継ガセサル白熱的歓迎ノ誠意ヲ以テ終始セルモノ」と報告されています。

この七月の公演を毎日欠かさず見にヴィゴツキーとともに映画監督のエイゼンシュテインも来ていました。この二人は親友であったのです。左團次が「仮名手本忠臣蔵」の大星由良助の衣装のままエイゼンシュテインとともに収まっている写真が知られています。

ヴィゴツキーにとってもエイゼンシュテインにとっても日本の歌舞伎は刺激となったのでしょう。左團次の一座はソビエト公演の後、欧州を巡遊しています。

ソビエト政府は「ソビエト連邦における歌舞伎」と題した革表紙のスクラップ・ブックに新聞、雑誌、写真などを張りつけて記念品として左團次に贈りました。なお公演に先駆けて、ソビエト側の機関誌は一行の訪問を、日本劇団の初回の海外進出であり、歌舞伎は日本演劇界の粋、芸術の真髄で幾百年の歴史を有するものと紹介し、両国の親善のために一行を心より歓迎すべしと報じていました。

さらに森とヴィゴツキーの話は続きがあります。実験をすませたある日のこと、ヴィゴツキー、ルリヤ、森の三人は食事に出かけ、途中自宅によった際「男のおしゃれはネクタイだけだ。以前はその時々に合わせて気に入ったネクタイを選んだものだった」と何気なく、ヴィゴツキーが言った、と森は書いています。そのことは森にとって「ヴィゴツキー＋ネクタイ」という新しく意味づけられたコンポジションとなって、いつまでも忘れられない記憶となったのです。

森の記事は次の一文で終わっています。

「それにしてもヴィゴツキーの想い出は、恐らく私の胸にかくされた生涯の秘密として終わることと思っていた。それが今、柴田氏のおかげで、彼の天才的業績の邦訳出版という、ひときわ輝かしいこの機会に人間ヴィゴツキーの想い出を綴り得たことを感謝する」

こうしてみると森、小原国芳、澤柳政太郎、後藤新平、ヴィゴツキー、ルリヤ、イエンシュ、左團次、エイゼンシュテイン、そして柴田義松……、時代と国を超えた、不思議な人のつながりです。

2　娘から見た父ヴィゴツキー

一九二四年一月初めにゴメリからモスクワにやってきたヴィゴツキーは、一九三四年に亡くなるまで家族と一緒にモスクワで生活し、その多くを研究活動と闘病生活、そしてさまざまな人々との交流に費やしていました。しかし彼は家庭をかえりみなかった外面のよい社交家でも、研究一辺倒の堅物人間でもありませんでした。前述したように、最初の一年半を心理学研究所の地階で暮らしたのち、一九二五年の秋にはボリシャヤ・セルプポーフスカヤ通りに面したアパート（今風に言えば、マンション）に移り住みました。

この間のことはギータの回想によれば次のようです。ヴィゴツキーは自分の母の誕生日に一度ゴメリに帰り、引っ越しの準備をし、父母妹たちとモスクワで一緒に暮らすようにしたのです。つまり一八九七年から住んでいたゴメリの家を引き払うことにしたのです。

モスクワの新しい住居は三階建ての、全部で一七、一八室あるマンションでした。一階には四室あり、うち一室には父と母（娘ギータからすれば祖父母）、もう一室はヴィゴツキーの妹たち三人（娘ギータからすれば、おばたち）、もう一室には長姉ジーナ一家、夫と息子レオニード、そして残り一室には、ヴィゴツキーと妻ローザと生まれたばかりの娘ギータが住みました。その部屋は日当たりのよくない部屋で、路地に面していました。夜になると皆で集まったということです。そして常にいろいろな客がやってきました。姉妹の知人や、ヴィゴツキーの仕事の同僚、弟子たち、レニングラードからはダヴィドやその知人らも来ていました。そんな人々の中に心理学者クルト・レヴィンもいたのでした。

ヴィゴツキーはテーブルに着き、一方のクルト・レヴィンは、すっと立ち上がったかと思えば、その部屋のあまり広くない空間を歩き始めました。そしてまた腰かけ、感情をあらわにし、手ぶり身ぶりを添えて、ヴィゴツキーの意見とは一致していないことを示したということです。

ヴィゴツキーが亡くなる一九三四年までの九年間、そのアパートでは弟子たちや心理学者たちが週に一〜二回集まって、さまざまな議論が繰り広げられていました。弟子たちはのちに有名な科学者となったにもかかわらず、ヴィゴツキーを師と思い続け、敬意を示し彼との思い出を終生忘れることはありませんでした。一九二五年の国際会議出張の際、ベルリンで会ったクルト・レヴィン教授が自宅を訪れましたが、その議論の内容は、「それがドイツ語で行われていたからという理由だけではなく、当時の私には理解することができないものでした」と娘ギータは述べています。

一九二五年生まれの娘ギータ（一九二五―二〇一〇）にとって子ども時代は、父ヴィゴツキーの晩年ということになります。ギータは父親についての想い出を数多く残しています。それらを手掛かりにしてヴィゴツキーの父親像を浮かび上がらせてみましょう。

晩年（といっても三〇歳）のヴィゴツキーは父と母（つまりギータからすれば祖父母）をモスクワに呼び、ギータとアーシャの二人の娘、そしてヴィゴツキーの妹たち、姉とその夫という大家族で暮らしていました。妻ローザの苦労は、さぞ大きかったことでしょう。家族は、まるでヴィゴツキーがゴメリで過ごした自身の子ども時代と同じようにみな信頼しあい、仲良く暮らしていました。ギータによれば父ヴィゴツキーは、その年老いた父母を敬い、とりわけ寒がりだった母のことは、いつも「マーモチ

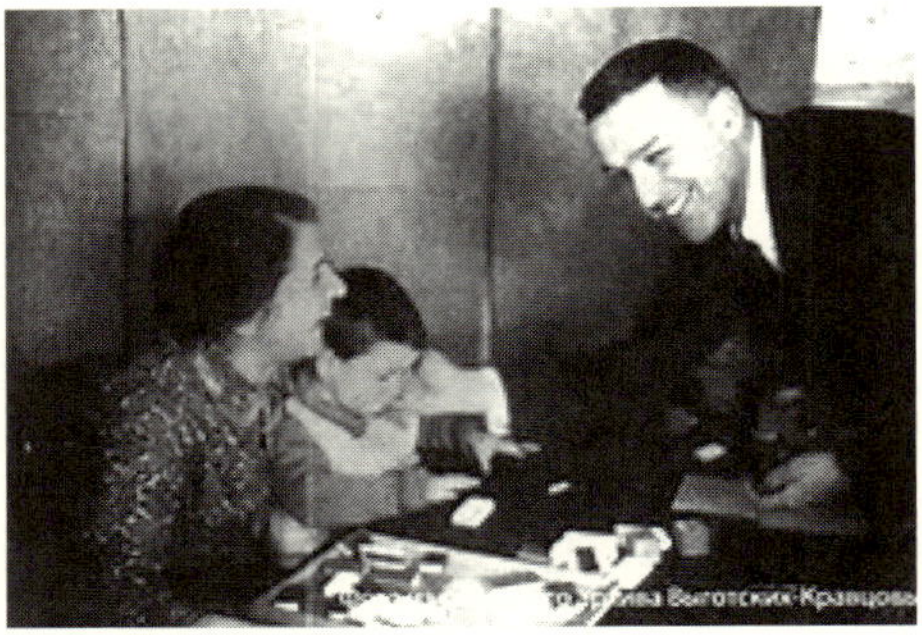
妻ローザとアーシャ（次女）

カ」という親称を用いて呼んでいたということです。日本語でいえば「かあさん」「おかあちゃん」といった感じでしょう。父が亡くなる（一九三二）と重症だった母のもとに孫であるギータやアーシャを行かせ、本を読ませたりしていました。そして毎晩のように家族は、「おばあちゃん部屋」の大テーブルに集まり、サモワールを囲みティータイムを過ごし、本を朗読したり、詩を詠んだり、最近の劇の話をしたりしたということです。これもゴメリ時代のヴィゴツキー家と同じです。こんな時ヴィゴツキーは手を後ろに組み、ペチカを背にして立っているのがお決まりでした。

家族のための居間の窓際には大きな書き物机があって、とても手狭でした。壁際には天井まで本棚があり、書物がびっしり詰まっていました。唯一、部屋の中央は空いていたのですが、そこは子どもたちの遊び場となりました。質素な生活をしていたヴィゴツキー自身の持ち物といえば、この書き物机でした。しかし家にいるときには、ほとんどこの机を背にして過ごしていました。やがて長女ギータが学校に通うようになってからは、その机の左半分を彼女の勉強机として分け与えたため、ヴィゴツキーはその机の使用権を半分失ってしまいました。ギータが学校から帰ってくると、この書き物机にヴィゴツキーとギータが並んで腰かけ、彼女は自分の宿題をし、ヴィゴツキーは自分の研究をしていました。その時間は、間もなく父を亡くしてしまうギータにとって何より幸せなひとときだったでしょう。そしてその思い出が彼女に心理学者としての道を歩ませたのかもしれません。

机の半分を分けてもったことは自分の誇りだった、とギータは回想しています。勉強の難しい所は時々教えてくれたけれど、必要以上に父は干渉してこなかった、ということです。ヴィゴツキーのアパートは角部屋で、いくつかの窓は賑やかな通りに面していましたが、家族の部屋は狭い裏道に通じていました。ヴィゴツキーはこのアパートの中に研究をしたり休んだりするための自分の部屋を持っていなかったし、生涯を通じて自分の書斎を持つこともありませんでした。彼は研究をするために必要な最低限のものしか持っていなかったのです。また部屋に他人がいたり、人が出入りしたり、会話が続いていたり、子どもたちが遊んでいる中でも中断することなく研究をしていました。

ヴィゴツキーが娘たちと遊べたのは一人で帰宅した時だけのことでした。もし同僚や学生、仕事仲間と連れ添って帰宅した時には、彼らはお茶を飲み、仕事をするために家族の部屋に入っていくのが常でしたから。「私が眠たくて部屋に入った時、父たちはよく議論をしていました。父たちが話している横で、わからない話を聞きながら眠りについたものでした」とギータは述べています。

「夜遅く、部屋が静かになっているのに気づいて目を覚まし、父にささやきかけると、父ははっとし、すぐに私のところへきてくれました。すると父は注意深く私の顔を見て、額に触れ（熱をチェックし）、『怖い夢でも見たのかい？』と聴き、やさしく私の頭をなでてくれました。私が『お父さん、もう寝ようよ』と言うと、『わかった、わかった』『もうすぐ寝るよ。でもあと少し仕事があるんだ。お前はもう寝ようね』と言って、やさしくキスをし、再び机に向かうのでした」とギータは回想しています。

ヴィゴツキーは子どもたちに優しく心静かに語りかけるのが常でした。しかし子どもたちが良くないことをした時にはそれを認めようとはせず、行動や態度で示しました。説教するとか、非難するとか、詰問するとか、許しを請わせるとか、二度としないと約束を強いる、ということをしなかったのです。その代わりに間違ったふるまいをしたことを告げ、それがどんなに自分を悲しませ、失望させ、不愉快にしたかを表情や態度に示すだけでした。ところでギータやその友だちにとってB・S・ストルプネル先生はお気に入りでした。とても親しみやすく、またそそっかしく、考え違いをすることがありました。いろいろな要因が重なると、こっけいなことになってしまうのでした。帰ろうとして自分の靴ではなく女性用のヒールの高めのオーバーシューズを履こうと空しい努力をするのでした。子どもたちは笑いをこらえるのに必死でした。ヴィゴツキーは悲痛な顔をして「ああ、ストルプネル先生、それはあなたの靴ではないように思うのですが……」と言うと、その先生は「いや、ヴィゴツキー先生、私は自分の靴をよく知っていますよ」と答えるというような具合でした。もちろんヴィゴツキーは、それが女物であることを何とかして伝えようと苦戦したのですが。そしてこんな出来事もありました。

ある日、アパートに件《くだん》のとてもうっかり屋で視力の弱い哲学者ストルプネル先生がやってきた時のことです。そのお客さんはトイレと間違って、廊下のクローゼットのドアを開け、入ろうとしました。ヴィゴツキーは「先生、そのドアは開けないでください」と言いましたが、彼は「いやヴィゴツキー先生、私はあなたの家のドアをよく知っていますよ」と答えました。その時、「私たちはクスクスと笑ってしまいました。すると父に厳しい視線を投げかけられ、私たちは黙り込んでしまったのです。後で父は『他人の弱点や哀れさをからかうことが、下品で残酷であることをお前たちがわかっていなかったことに失望し、恥ずかしく思っている』と言いました。そう言ったまま、そっけなく部屋から出て行ってしまいました。この出来事は私の人生にとって後にも先にもない、一番の教訓となりました。どうすれば父にもう一度気に入ってもらえるかと、いっしょうけんめい悩んだことを今でも思い出します」。ギータの回想です。

きっと読者のみなさんは、かつてヴィゴツキーが少年の頃、馬で失踪した事件、本書の冒頭部分を思い起されたことでしょう。自分が父母から受けた教えを自分の娘にも伝えたのです。親をがっかりさせ、心配させ、困らせたことを本人が自覚できるようにしたのでした。けっして荒々しい声をあげる……ことはしなかったのです。

ヴィゴツキーと娘ギータ（長女）
1933.5

学校に通うようになってから娘ギータは本を読むことが好きになりました。ヴィゴツキーは娘があまり遊ばなくなったり、子どもたちが家に遊びに来なくなったのを気にしましたが、娘が本を読んでどんな反応を示すのかも気にかけていました。彼は、これは作り話だから本当のことではないよ、と言ってギータにことばをかけたり、主人公の気持を娘と共有したり、一方で娘が想像したイメージを大事にもしました。

学校や本の影響を受けたのでしょう。「私、先生と作家と絵描きになりたいの、なれるかな？」という問いにヴィゴツキーは、お絵かきしたり、文を書いたり、アーシャとお勉強したりすることをすすめました。ギータの「先生になって、子どものための本を書いて、絵も自分で書きたい」という将来の希望に耳を傾け、「どの仕事もとても大事な仕事だから一度にするのはとても大変だよ」と言い、どの仕事も一所懸命学ぶことがまず必要なのだと説明しました。娘の考えたことには父としてもちろん喜び、必要な助けをしました。皮肉や冷やかしではなく、夢を失わせず、望みを打ち壊すことはしませんでした。

ギータが学校に馴れてきたころ、彼女は誇らしげに喜んで家に帰ってきたことがありました。大事な試験で一番よい評価をもらったからです。そのことを告げたときギータは二人掛け机の隣の子が自分より低い点であったことを自慢気に言いました。ギータの答えをその子がうまくカンニングできなかったからだ、と。すると期待していた父の喜びとは逆に、父親ヴィゴツキーはとてもがっかりし、それを隠そうとはしませんでした。彼は言ったのです。もちろん、お前が難しい問題を解いたのはよい。でも、どうして他人の不出来を喜ぶのか理解できないと。他人には親切で、いつも助けようと心がけなさいと……。ギータは自分が同級生よりも秀でていると喜んだことを恥じました。娘の行為に不満を示し、そうしないための方法を教えました。どこが分からないか隣の子に聞き、分からないところを説明して助けることを提案したのです。助けようとする時は、その子によく分かってもらえるように心からそうすること、人にはいつも親切であるように、常に助けようとすることを伝えました。そして誰の不出来も喜んだりしてはいけないよ、と言いました。ヴィゴツキーは優しい父親でしたが、娘に善を教えるために、娘の喜びを暗くし台無しにしてしまうことも恐れませんでした。このことも自分の一生の教訓になった、とギータはのちに書いています。

ギータは父親と過ごす時間が大好きでした。

「父は詩が大好きで、本当にたくさん知っていたし、それはたいてい古典的な作品でした。現代詩ではパステルナークの詩を一番よく朗読しました。彼は何時間でも詩を空で朗読し、それをみんなは本当に静かに、心地よく、喜んで彼の朗読に聞きふけったものでした。

また私と父は散歩がとても好きで、町を離れて休暇を過ごす時には、よくハイキングに出かけました。森の中を歩きながら父は私のために詩を朗読してくれました。そして、その詩に自分で考えたメロディをつけて歌を歌ったものでした、とギータは回想しています。しかしヴィゴツキーは「音痴」で、簡単なメロディさえも上手に歌うことができなかったといいます。娘ギータは彼の歌を聴いた、ただ一人の人間でした。その歌は恐ろしく聴きづらいものであったといいますが、歌をつくる過程が好きで、出来映えやメロディについては全く気にしなかったのです。

「何年もたった今でも、父のうたった歌を思い出すことができます。そのメロディはまだ生きていて、私の魂の中で響きつづけています」とギータは述べています。

ヴィゴツキーは部屋のストーブのそばで、時々娘たちに多数の単語を記憶する能力を見せました。娘たちは百個の単語のリストをつくり、それをヴィゴツキーに渡します。彼はそれぞれの単語をゆっくりと読んで、そのリストを戻しました。それから、「どんな順番でもそれを暗唱できるよ」と言ったのです。ヴィゴツキーは間違えることなくリストの中の単語を最初から最後まで暗唱し、次に、順番を逆にしてそれらを暗唱することができました。そして、娘たちが彼に「一七番目と四三番目、六一番目、七番目の単語を言ってみて」と頼むと、彼は難しがることも、間違えることもなくそれをやってのけてしまいました。

もちろん娘たちは「すごい！」と思ったのですが、このヴィゴツキーの記憶方法についてはもう少し先でお話することにしましょう。彼は学生向けの講義や一般向けの講義でもこれをやってみせたのです。それは、もちろんトリックや手品ではなく、彼にとっては心理学の一部であったのです。

子どもたちの遊びも彼にとっては心理学の一部でした。ギータは、私たちは、パパが仕事をしているすぐそばでよく遊びました、と書いています。迷路か何か、ヴィゴツキーにとっては実験の場面だったのかもしれません。

多くの心理学者と同様、ヴィゴツキーも自分の娘や姉の息子レオニードを被験者にしました。といっても当の子どもたちにとって、それは遊びだったのですが。ヴィゴツキーは、ギータやレオニード（二歳上）を使ってケーラーの実験の追試をしました。部屋の床にいろいろな物を使って迷路をつくりました。とくによく使ったのは図書の整理カードの入った細長い木箱でした。そして迷路の中心にはオレンジを置きました。ほど近くには棒が置いてあります。うまく手に入れたときは子どもたちは大喜びでした。ごちそうだったのです。ヴィゴツキーもこれが楽しみでした。この追試に参加した子どもたちは、のちにヴィゴツキーに遊んでもらった日々をなつかしい思い出として語りました。

そんな特別な実験以外にも、ヴィゴツキーは子どもの様子を観察していました。ふつうのありふれた生活場面こそ、子どもにふさわしい実験条件と考えたのです。子どもが日常の中で示す子どもらしい表現、子どもらしい「名答」、子どもらしい思考の様子を娘ギータに見出したとき、それを彼は「ある知っている女の子が言ったのですが……」と記しました。その女の子とは誰のことか、ギータはのちに父の著作を読んで知ったということです。

ヴィゴツキーと娘ギータのことについて、作家イーゴリ・レイフは次のように書いています。

ところで私にはヴィゴツキーに娘ギータがいたことはとてもよかったと思われます。彼女は幼い妹アーシャと二人でヴィゴツキーの「フィールドワークの場」の役割を果たしていて、そこで彼は自分の多くの推論や仮説を生活場面と照らし合わせてみたのでした。もちろん当時娘たち自身はそんなこととは疑いもしませんでしたが、実のところピアジェも含め、偉大な心理学者のうち、このような「家庭内遊び」をしなかった者がいるでしょうか。「わが国の心理学のすべての半分は、あなたのおかげです」と、先のA・V・ザポロージェッツはかつて冗談半分で彼女にそう言ったとか。そしてそれから随分の年月が過ぎ、その昔々の女の子は成長し、同じく心理学者となりました。自分の父親の専門とした道を歩み大成しました。そして年を重ねてのち、自分の父親についての思い出を出版しました。今日、それは彼の伝記に登場するのが常となりました。

ギータの出版物とは、「まえがき」で示した一九九六年の著作、文献の①です。そしてレイフは、さらにこう続けています。

子どもの時の記憶は気まぐれで選択的なものです。それは深くて誠実な感情に結びつかなかったものは、みな拒否してしまいます。もしも還暦を過ぎた初老の婦人が、つまり、かつてその昔に「パパの娘」だった婦人が、全く最初のままの新鮮さを心に感じ、子どもであった時期の、自分の偶像の姿を保持しているとするならば、既にそのこと自体が多くを物語っているといえましょう。レフ・セミョーノヴィチの周りからは、愛や精神的な気前の良さが作り出す雰囲気がまるで放射するかのように広がっていったということを物語っています。さらに自分の理論的な思想を包んでいた全人類的規模の問題という巨大な世界と同時に、家族という彼にとっては小さな世界も大きな価値をもっていた、ということを物語っています。

こんな思い出も著されています。幼い娘ギータは、道の交差点で交通整理をしている警官を見て、人々の中心で仕事をする立派な大人として感じとります。自分のパパは机に向かって書きものをしている。もっと人々から注目され、みんなの中心にいる仕事であったらいいのにと考え、父にそのことを話しました。「パパも台に乗って交通整理をする人になって、みんなから見られる人になればいい」と。その日も窓から通りの流れを見て、通り中が警官の手の動きに従っているのを見て、父ヴィゴツキーのところへ行き、気づいてもらえるまで待っていました。いつものようにヴィゴツキーは娘が何か自分に言いたいことがあるのだと分かって、ペンを置きました。娘は父の仕事は好きじゃない、いつも書いている、書いているばかり。それが仕事なの？　もしおまわりさんだったら、パパは台の上に立って、みんなパパを見るのに、そういう大事なお仕事して！　と言いました。母（妻）ローザは笑いながら、何か言いました。ヴィゴツキーは大まじめに娘の肩に手を置きました。ヴィゴツキーはこう言ったのです。「そりゃ、もちろんおまわりさんはとても大事で責任ある仕事をしているさ。彼がいない大通りなんて考えられないよ……でも、分かるだろう。他にも大事な仕事はあるんだよ。市電を運転したり、病人を治したり、子どもに教えたり、ね。どれもとても大事だし、どうしても必要な仕事だよ。誰かがそれをしなければならないんだ……。人々にとって必要な仕事は大事なんだよ」「パパの仕事も大事なの？」。ギータはまだ信じられず、きき直しました。するとヴィゴツキーは、ゆっくりと、そしてしっかりと答えました。「とても大事だと思っているよ……。そうだよ。パパがしている仕事も人々にとって大事なのだよ」。ギータは、ほっとため息をつくと自分の部屋に戻りました。やがてこの娘は父親と同じ仕事を自らの道として歩んだのです。

ヴィゴツキーの性格や、考え事への熱中ぶりを示すこんなエピソードも知られています。

初めて学校に登校するのは、今のように九月一日ではなく八月三十一日でした。それが当時の新年度の始まりでした。ヴィゴツキー一家は、ダーチャ（夏の時期、過ごすロシア式別荘）にいて夏を過ごしていたので、ダーチャから学校へ行き、またそこに戻ってこなければならなかったのです。父といっしょにギータは、はじめての学校に向かいました。

電車は人で混んでいて立ち通しでした。ギータのお下げ髪を結んでいたリボンはとれて落ちてしまったのです。人がいっぱいでリボンは見つけられず、もしあっても母がいないとお下げは結べませんでした。ヴィゴツキーは何とかベレー帽子で娘の髪をまとめるようにかぶせました。学校に着くと、女の先生から、学校に入ったら帽子はとってください、と言われ、ギータはひどい髪の毛になっ

ギータ・ヴィゴヅカヤ

ているのが恥ずかしくてしかたがありませんでした。

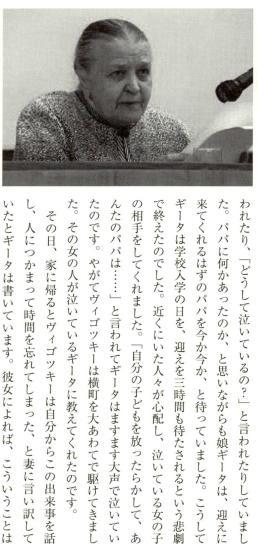

しかし、もっとひどい災難はお迎えの時にヴィゴツキーがなかなか来てくれないことでした。もちろん約束してあったのです。他のみんなは夏の思い出話をしながら家路に着きました。次に流れてきた子どもたちの集団も学校を終えて帰って行きました。別の親からは「自分の家の住所も、帰り方もわからないの?」と言われたり、「どうして泣いているの?」と言われたりしていました。パパに何かあったのか、と思いながらも娘ギータは、迎えに来てくれるはずのパパを今か今か、と待っていました。こうしてギータは学校入学の日を、迎えを三時間も待たされるという悲劇で終えたのでした。近くにいた人々が心配し、泣いている女の子の相手をしてくれました。「自分の子どもを放ったらかして、あんたのパパは……」と言われてギータはますます大声で泣いていたのです。やがてヴィゴツキーは横町を大あわてで駆けてきました。その女の人が泣いているギータに教えてくれたのです。

その日、家に帰るとヴィゴツキーは自分からこの出来事を話し、人につかまって時間を忘れてしまった、と妻に言い訳していたとギータは書いています。彼女によれば、こういうことはしょっちゅうあった、ということです。

九歳までしか父親と一緒に生活できなかったギータの記憶は、選択的であったという方が正しいでしょうが、その父についてのエピソードはたくさん残されています。そのこと自体がヴィゴツキーと娘ギータの関係をよく表していると、先述の作家イーゴリ・レイフは指摘していました。

ギータは生前、ヴィゴツキーを「優しい父親でした」と周囲の人々や自分の同僚に語っていました。時々考えごとに没頭する父親を娘ギータは子どもなりに許していたのでしょう。

娘ギータは幼いころ、乗りもののうち当時一般的になっていた市電があまり得意ではありませんでした。具合が悪くなってしまうのでした。そのために、どこかに行くとき、辻馬車を利用することがよくありました。彼女はこんな場面をよく覚えていました。

家から七～八分の所に辻馬車の停留所があり、馬が足を踊るように動かしていたり、客が馬車を待っていたりしていました。ヴィゴツキーが馬好きだったことは既にお話ししました。子どもの頃から大好きだったのです。ギータは御者の服や馬車の飾りに興味を持ち、じっと見ていました。クレムリンの橋を通ってアルバート街まで行くのに馬車は、ゆっくりと時間をかけて連れていってくれました。ヴィゴツキーと娘は隣にくっつくようにして腰かけました。ふわふわした雪が自分たちをよけて地面に落ちていきました。雪が降るとこの乗りものは、レースのカーテン越しのように見えたのです。それがギータは好きだったのです。そんな時、父ヴィゴツキーは静かな声で娘に話しかけるのでした。時には母と父と娘と三人で辻馬車に乗ることもありました。そんな時ヴィゴツキーは妻と話をし、次に娘に話しかけ、また妻に話しかけるといった具合に、娘が孤独にならないようにしていました。お前が隣にいてうれしいよ、と娘に感じさせていたのです。「ママと話すときも、私をぎゅっと抱きしめていたり、手を強く握ったりしてくれた」とギータは書いてます。どんなときも子どもを守り、身近に感じさせ、お前が必要なのだと思っていることを娘に伝えようとしていたのです。ギータは、このような時の光景や感情を生涯ずっと大切にしていたのでした。

生活場面の細々したことが伝記として必要か否かは別にして、子どもの心を大事にしたヴィゴツキーの人柄とそれをよく理解していた娘の関係は、現代の社会では希薄になっていて、今こそ求められているのではないでしょうか。

電車に乗れば「静かにしなさい！　ぶらぶらするんじゃないの！」と言い、大人たちはみな自分の小さな機器の画面を見ている……このような現代に忘れられている大事なことは日常のこのような親子関係の中にこそあるのです。常に子どもを一人にせず、話しかけ、子どもの問いには分かりやすく答えてくれた父に生涯感謝している、と心理学者になったギータは伝記の中で書いています。

3　家族、仲間たち、研究交流

自身の病《やまい》とは折り合いをつけながら、時に闘い、時に休養しながらも、彼には幸せな時間も信頼できる仲間もありました。

一方、政治的、体制的な圧迫が始まり、偏見や無理解、理不尽な批判にさらされながら彼の研究は、後世の私たちから見れば、最後の五〜六年間充実し、花が咲いているように思えます。海外からの着目も「鉄のカーテン」が閉められようとするこの国の状況とは別に、少しずつ大きくなっていきました。先のロンドン・ベルリン・オランダ等のヨーロッパ出張の旅先ではさまざまな研究者にも会えましたし、書物で熟知していたクルト・レヴィンとも会うことができました。

もう一つ特記すべきことがあります。一九二九年初めヴィゴツキーにはウズベキスタン共和国の首都タシケントにある国立中央アジア大学から講座開講の要請が届きました。当時第二国立モスクワ大学の助教授だったヴィゴツキーに許可が下り、同年四月初旬、妻とともにタシケントに向かいました。居残ったギータ（当時五歳になろうとする頃）は、周りのみんなは親切にしてくれたけれど、子どもながらにさみしさと空しさを感じた、と回想しています。大家族の中で育ち、さらに来客も常に多く、いつも父親を独り占めできたわけではないけれど、それでも自分にとって父親とは何か、自分の生活の中で父の存在の大きさを感じ取った、と述べています。いつもヴィゴツキーは家でも仕事を多くし、友人ヴァシーリエンコやウージンが来るときは、娘にあらかじめ客があることを伝えていました。五人組の弟子たちが来ても父は楽しそうにしていたのでした。

国立中央アジア大学（1929年）タシケント

幸せなひととき、それは何といっても新しい家族の誕生でした。一九二五年には前述したように長女ギータが生まれ、一九三〇年には次女アーシャが生まれました。二人目が生まれる時、今度は男の子が欲しいと父は言っていた、と長女ギータは記しています。そのせいもあってか、次女アーシャは「ワーシカ」「ワシーリー」と家の中では男の子の名で呼ばれていたとギータは回想しています。またギータによれば、二人目ができて家事が大変だろうとヴィゴツキー・パパは家事を進んで手伝おうとしていたけれど、本当はその必要はなくママと家政婦さんで十分だった、と書いています。彼女によれば、パパは自分が家事に役立っていると信じていた、ということです。

夏の数か月（六月から八月までは年度末休みになる）には、ヴィゴツキーも家にいることが多く、家族のために時間を割こうとしていました。

一九三〇年の夏は、イズマイロヴォにあるダーチャ（ロシア式の別荘）で過ごしました。それは二階建ての大きな家屋で、二階へは大きな螺旋階段があり、上り下りが大変なので、年老いた母親はヴィゴツキーの妹たち（つまり娘たち）と一緒に階下に住み、ヴィゴツキーの家族は二階で過ごしました。やはりサモワールを囲んだ一夏が過ぎていきました。

この夏、同僚の児童学者バーソフ（一八九二―一九三二）が亡くなったので家族ではその話でもちきりになってしまいました。ギータにとっては「死」ということを考える機会になりました。それに気がついたヴィゴツキーは、妻が一階にいる母の所に降りていって二人きりになった時を見計って、娘ギータをバルコニーに誘いました。「どうかしたのかい、言ってごらん」と問いかけました。「人はみんな死ぬって本当?」と言って、ギータは「そんなことないさ」という父の答えを期待していたのですがヴィゴツキーは、ギータの頭を撫でながら言いました。「でも死ぬのは歳を取ったり、病気になった人が死ぬんだよ」と答え、「だからお前は心配ないよ。ずっと歳を取って、何年も何年もしてからだよ」と言ってオーバーな手のしぐさで、ずっと遠くであることを示しました。でもギータは別のことを心配していたのです。彼女は確かめました。「じゃあ、パパは？　ママは？」「パパたちはまだまだ歳を取っていないよ。ほら、こんなに健康だから心配しなくていいんだよ。安心して遊んでおいで」とヴィゴツキーは娘にキスをして膝から降ろし、もう一度言いました。「さあ、みんなと遊んでおいで」と。

その死は思ったよりも早く訪れてしまいました。父と娘は交したことば以外にも何か伝えあっていたのでしょうか。

一九三〇年も終わろうという頃、ギータは猩紅熱《しょうこう》を患い、母や妹と離され、もっぱら祖父母が彼女の面倒を見ました。祖母はプーシキンの本を読んで聞かせ、祖父はオレンジを買ってきてくれたりしました。ギータは孤独に明け暮らし、当時、猩紅熱の治療は六週間を要しました。父ヴィゴツキーも猩紅熱から由来する咽頭炎に冒されてしまいました。二人は別室に一緒にされ、他の家族から遠ざけられていました。二人はお互いに気を使い、娘は、それでも仕事をしようとする父を妨げないように、楽しい話を心掛け、質問に答えていました。二人ともほぼ同時に床から離れることができ、娘ギータはこの期間のことを生涯いつも思い出していました。

一九三一年の夏はモスクワ州の西隣のスモーレンスク州ヤールツェヴォで過ごしました。この時は大きな家を見つけることができなかったので、隣合わせの二軒を借りました。一つにはヴィゴツキーの家族四人、もう一つにはそれ以外の家族が住みました。祖父母とヴィゴツキー一家がそろった最後の夏になりました。

この秋ヴィゴツキーの父が重い病の後、亡くなったのです。学校から帰った娘ギータの両手を取り、ヴィゴツキーは、ここで起きたことを説明して、おばあちゃんを刺激しないように二日間は彼女のおばの所に居るように伝えたのでした。

そのギータはのちにモスクワ大学に入学し、心理学者になり、欠陥学の仕事や、ヴィゴツキーが残した研究資料を私家資料室として収集・整理をしたことで有名です。そして彼女は「娘からみた父親」を含む著名な伝記本『レフ・セミョーノヴィチ・ヴィゴツキー』(一九九六)を書きました。

ギータが生まれた時ヴィゴツキーは二九歳ですから、ギータは八歳から九歳の頃まで一緒に暮らすことができたことになります。娘の目から見た父の像は、さまざまなエピソードとして形づくられています。娘ギータからみた父親、父親に関する話は前述しました。もう一人の娘、次女アーシャは四歳になろうとする年、父を失ったことになります。なぜだかよくわかりませんが、その後のアーシャの生涯を含めて、彼女に関する情報はほとんど知られていません。筆者が知りえていることは、彼女はあまり父親のことを覚えていないだろうということ、生物学をのちに学んだということ、そして、ケガか事故が基で比較的早く亡くなった、という人づての話です。ギータ・ヴィゴツカヤを知る何人かの現代の関係者にきいてみたのですが、姉のギータは妹アーシャのことについて晩年、多く語りたがらなかったといいます。私たちにとってうれしいことは、幸せそうなヴィゴツキー一家の四人の写真が残されていることです(この写真は一九三三年の五月に、妻ローザの友人夫妻がドネツクからやってきて、カメラ好きの夫が、アパートの一番明るい部屋で撮ったものです。ヴィゴツキーは写真を好まず、嫌がったと伝えられています。一五一ページの写真は、同日、その場から立ち去ろうとする父の膝にギータがとびのって、やっと撮った写真と娘ギータは記しています）。

一九三二年のはじめヴィゴツキーはレニングラードの大学に講義をしに行きます。このときには妻と娘ギータを連れて行きました。二人用個室の長距離列車の旅は娘ギータにとってすべて珍しく、興味津々で、娘が喜ぶ姿はヴィゴツキーにとっても喜びでした。その個室に備えつけられた開閉式の洗面台は、とくにこの娘のお気に入りとなり、ギータは手を洗うためにそれを使う口実を見つけようとしました。そのたびにヴィゴツキーは洗面台を出してあげたのです。

家族写真　1933.5

レニングラードで三人はヴィゴツキーのいとこ、ダヴィドの所に泊まりました。その奥さん、息子ともモスクワで何度も会ったのでよく知っていました。息子のレオニードはギータよりも二つ年上で、夫妻はともに文学者でしたので古めかしいレニングラードの家のあちこちに本がたくさんありました。それは幼いギータにも居心地のよさとして映りました。

ヴィゴツキーは散歩に連れ出され、レニングラードの友人の宅に呼ばれたりしました。ヴィゴツキーは陽気になり、活気づき、よい気分で過ごしました。一週間して父のヴィゴツキーは先にモスクワに戻りましたが、母と娘はもうしばらくレニングラードに滞在して、ダヴィドの家族らとともに時を過ごしました。ヴィゴツキーが亡くなる前の、このレニングラード旅行は娘ギータにとって幸せなひとときとなりました。

モスクワでもヴィゴツキーは娘ギータとよく散歩しました。もう時間がないことを予知していたのでしょうか。短時間で片付く仕事の時は娘を連れて散歩しながら、話しかけ、問いかけ、娘との気持ちをつないでいました。脳研究所のあったヤキマンカ地区（のちのゲオルギー・ディミートロフ通り）に行くときは、その中庭にギータを残して散歩しているように伝え、しばらく仕事をし、戻ってきました。この研究所に来るときはいつもそんなことがあったのです。そのことがギータにとってうれしく、パパが戻ってくるのを楽しみにして待っていたのです（のちに、この研究所は在モスクワフランス大使館となりました）。

一九三二年の夏もヤールツェヴォに別荘を借りましたが、このときはヴィゴツキーの一家だけ、つまり夫妻とギータとアーシャの四人で過ごしました。それは水入らずの日々でした。ヴィゴツキーは自分の家族だけに気を配ればよかったし、モスクワからやや距離があったので来客もなかったからです。この時ばかりは家族のためのヴィゴツキーになりえたのでした。

モスクワでの生活は、こんなこともありました。妻ローザは市場に買い物に出かけるとき、下の娘アーシャの世話をギータとヴィゴツキーに頼みました。市《いち》が立つ日の午前中は気難しがりやのアーシャの相手をするのに工夫が必要でした。この頃アーシャは活発で何にでも強い興味を示しました。ヴィゴツキーの工夫は、こうです。アーシャには興味のあるものに夢中にさせておいて、それを自分とギータで見守る、という方式です。母親が市場に出かけるとヴィゴツキーは長女ギータに「黄金虫」を何匹か持ってくるように言い、アーシャに渡しました。そして巻きたばこの空箱を与えました。するとアーシャはしばらくおとなしくしていたのです。その間、ヴィゴツキーとギータは自分のことができたのです。飽きずに虫に夢中になっている間、アーシャはまったく手のかからない子でいてくれたのです。ここでも外的な媒介と人間行動についての考えが実行されています。

読者のみなさんは巻きたばこの箱に疑問を持ったことでしょう。実は死が訪れるまでの最後の数年間、ヴィゴツキーはたばこを吸うようになりました。ヘビースモーカーではなかったので容認されていたのです。妻と娘は、たばこを吸っているヴィゴツキーの様子を好んだといわれています。吸っているときの満足そうな姿がうれしかったのでしょう。ヴィゴツキーのたばこの香りは、母も娘もむしろ好んでいたので部屋の中で吸い、戸外に出たりはしませんでした。

ある日、娘ギータは高熱で不調だった時だったのですが、よく来る客とヴィゴツキーは、いつものように室内のテーブルに着き、たばこをくゆらせていました。さすがにこの時ばかりはギータも、たばこの煙がつらかったのでしょう。具合が悪くなってしまいました。父にはそのことを遠慮して言えないで、泣くしかありませんでした。やってきた母に涙のわけを話すと、ヴィゴツキーと客にたばこを吸わないように頼んでくれました。ギータには父の気持ちが分かっていました。ヴィゴツキーは自分を責め、みじめな父親の姿になりました。それを見てギータは母に告げたことを後悔したのです。

最後の大作『思考と言語』が書かれていたのもこの頃でした。ギータの回想によれば『思考と言語』は自分が病気がちだった時期と重なり、父の仕事ぶりをよく見ていた、ということです。自分のベッドも父の部屋にあったのでした。

毎朝、口述筆記の女の人がやってきてヴィゴツキーの書きもの机に腰を掛け、ヴィゴツキーは両手を背に組み、部屋を歩きながら口述しました。彼は途切れることなく、よどむこともなく、いつも同じテンポで口述しました。ギータは父の仕事のじゃまをしたくなかったので、寝たまま本を読んだり玩具をいじったりしていました。ヴィゴツキーは「チェラヴェク（人間）」ということばを「チェク」と短く言い換え何度も用いたので、何回「チェク」を父親が言うか、数えることが退屈しのぎになったということです。一時間半ごとに休憩をして茶を飲み、その時は娘の所に来てくれたのです。このとき何回「チェク」を言ったか、で父と娘は笑い合いました。口述筆記者が帰った後もヴィゴツキーの仕事は終わりになりませんでした。彼は机に向かい、深夜まで仕事を続けたのでした。

晩年の数年間、ルリヤ、レオンチェフ、ザンコフ、ソロヴィヨフ、それに五人組が、家に来ましたが、みな娘たちをかわいがり、その娘はこの人々のことを、先生と生徒、師と弟子という感じではなく、互いに尊敬と信頼をもって穏やかに話し合いをしていた、と回想しています。

もう一つ、一九三二年のエピソードを紹介しておきましょう。

教育人民委員部の個人調書には、習得言語としてヴィゴツキーは、英語、フランス語、ドイツ語、ヘブライ語をあげています。A・A・スミルノフ（一八九四―一九八〇）は、ヴィゴツキー生誕七〇周年を記念する一九六六年十一月十四日の大会で、クルト・コフカがモスクワに来た時に行った講演（ドイツ語）をヴィゴツキーが見事に通訳して人々を驚かせたエピソードを伝えていますが、それを裏づけるコフカ自身の手紙が見つかっています。それはレネ・ファン・デア・フェール（オランダの研究者）がクルト・コフカについての本で見つけたのですが、次のような内容です。（モスクワでクルト・コフカは）「最初の二日、夜は劇場に行った。最初はボリショイ・オペラ、二日目はモスクワ芸術座だ。

二つの舞台とも素晴らしく、両劇場とも満席だった。昨晩は、すべての出番の中で最も長い、心理学研究所での私の講義があった。それは七時に予定されていたが、始まったのは七時三〇分であった。ホールには三〇〇人以上いて、教室は一杯だった。参加者の大部分はドイツ語を理解していたが、分からない人もいたので、ヴィゴツキー教授（ロシアの心理学者で、概念形成理論の創始者）、それは非常に魅力的な人物で、通訳を買って出た。私が五分か一〇分話すと、そのあと彼はとても楽々と自由に、まるで自分が思っているかのように、私の言ったことを通訳した。彼は私よりも上手に話したし、思うに私より長く話した。だいたい九時頃休憩となり、私は所長室に行ったが、そこにはサンドウィッチやいろいろなピロシキがテーブルに盛られていた。私は甘い砂糖水のような紅茶を飲み、数え切れないくらいの人々と語り合った」それは一九三二年五月二九日の出来事でした。

スターリンに監視されるようになってから仕事や立場をめぐる状況は平穏ではなくなりました。立場的にはヴィゴツキーも「児童学の人間」と見なされ、そのグループの内からも批難がなされるようになってきたのです。

一九三〇年代、批難はひどくなる一方でした。のちにM・G・ヤロシェフスキーは書いています。

「彼はソビエト心理学を創った天才です。彼は理解されていませんでした。私は覚えています。彼は追い詰められた野獣のように部屋を走り回り、次のように言いました。『もし私がマルクス主義者でないと見なされているのならば、私は生きることができない』と。もし望んだならばヴィゴツキーは本当に自殺したかもしれませんし、私に言わせれば、彼は自分が生きないように、生きないようにすべてのことを行っていきました。彼はわざと治療を受けませんでした」

長く患っていた結核も積極的に治療しようと思えないほど、将来は暗く、何もよいことが見えない時代でした。二〇年代末から、三〇年代の初め、ヴィゴツキーの創作は、疲れを知らぬように進みましたが、何度も言いますが、それらが正当に評価されるのはずっとずっと後の世になってからのことだったのです。

しかしヴィゴツキーには、温かい家庭という世界と、自分を信頼してくれる別の仲間もできました。それはヴィゴツキー、ルリヤ、レオンチェフの三人組と、その教え子たち五人を合わせた八人組ですし、さらにその周囲には多くの学生たちがいました。直弟子や学生たちについて言うならば、ヴィゴツキーは偶像となっていました。何がそんなに人々を引きつけたのでしょう。才能、善良さ、誠実さ、勤勉さ、親しみやすさ、…それらすべてでしょうか。ルリヤの回想です。

「ヴィゴツキー先生が仕事をしていた状況は他の誰にもあり得ないものでした。というのは存命中既に彼は非常に有名でしたし、彼の所にいろいろな人がやってきても彼は拒みませんでしたから、彼の家は朝から晩まで常連客で一杯でした。その後、彼はレニングラードとハリコフに定期的に出かけ、まったくいつ仕事をしているのかわかりませんでした」

ヴィゴツキーの講義に出たある女子学生は、自分たちの敬愛する先生が貧しい身なりをしていることに驚いたと言います。彼の着ていた外套はあちこち擦り切れていて、安物のズボンをはき、ロシアの厳寒の冬にも短靴でした。結核がよくなるはずがありません。講義室は満員で、横、後には立つ人もいました。ヴィゴツキーは背中で両手を組んだまま歩き、一つ一つのことばをかみしめるようにして自分の考え方を伝えました。やせぎすで青白いヴィゴツキーは、目を輝かせ、頬を赤らめながら話をしたのです。それらは講義録となって今の私たちの世代の古典となっています。

別の時代であれば、このような研究仲間とともにプロジェクトを企画し、これまで構想し続けていた研究プログラムを展開する喜びを得ていたかもしれません。しかし次第に公的な立場を失い、研究条件としては最悪の状況に追い込まれていったのでした。

ヴィゴツキーにはモスクワの芸術的インテリゲンツィアのグループもありました。前述したように、なかでも映画監督セルゲイ・ミハイロヴィチ・エイゼンシュテインとは親友の間柄でした。他の芸術仲間としては、次のような人々をあげることができます。N・Ya・マロン、詩人マンデリシュタム（既に拘留中）の妻、N・Ya・マンデリシュタム、哲学者でヘーゲルをロシア語に訳したボリス・グリゴリエヴィチ・ストルプネル、娘ギータによれば、彼は家にやってきて哲学の話をし、チェスをしたということです。チェスの大会や仲間とも交流がありました。

ゴメリ時代からの友人たちもヴィゴツキーの家を訪れていました。V・M・ヴァシーリェンコ、画家のA・Ya・ブィホフスキー、欠陥学研究所所長のI・I・ダニュシェフスキー、そしてV・S・ウージンらです。

映画監督としてはエイゼンシュテインのほか、ウクライナのレシ・クルバス、演劇人のA・Ya・タイーロフ夫妻（ヴィゴツキーは、一九二六年から二八年まで夫妻が主宰するモスクワ室内劇場養成所で教えていました）とも親しくしていました。

　苦しい時期にこのような知人や仲間との語らいが彼の命をつないでくれたのでしょう。彼は何時間も話し合い、それぞれの相手に印象を残しました。ヴィゴツキーの活動範囲は広く、スケールが大きく、それぞれの分野の活動家たちと方向を共有することができたのです。ヴィゴツキーは自分を取り巻くすべてのことについて興味を持ち、活発で、感情豊かな人間で、他の人々のしていることに共感し、人の苦しみや悲しみを分かち合うことができる人でした。ユーモアや冗談を解し、慎み深く、敏感で、傲慢なことはせず、自分に有利になるような条件を要求しようともせず、他人に強要することがない人物だったのです。ヴィゴツキーは気の合う知人たちとの交流からのみ、エネルギーと安らぎを得ていたに違いありません。

　同じことは直弟子たちとの関係についてもいえます。ヴィゴツキーが一九二四年にモスクワの心理学研究所に来てすぐにルリヤ、レオンチェフとの三人組ができ、さらにザンコフ、ソロヴィヨフ、サハロフ、ヴァルシャワが共同研究者になりました。L・S・サハロフ（一九〇〇―二八）は二八年夏に、B・E・ヴァルシャワ（一九〇〇―二七）は二七年六月にこの世を去りました。夭折したこの二人ともヴィゴツキーは良い関係を結び、配慮を忘れなかった、と伝えられています。

　ヴィゴツキーが実験心理学研究所に来てから、自分の先輩である研究員たちと共同研究の著作を残しています。彼は三人組や八人組の若い仲間たちだけでなく、年長の研究者たちとの関係を大切にしました。自分の構想や自身の研究作業を年長の研究員たちとの共著として発表することにヴィゴツキーの意図と同僚を大切にする姿勢を感じることができます。競争的に研究成果を求めるよりも、同

八人組（中央にヴィゴツキーの写真がある）

僚との協調性の方が大事であったのです。先に亡くなったヴァルシャワの遺族には温かいことばをかけたというエピソードが伝えられています。

レオニード・ウラジーミロヴィチ・ザンコフ（一九〇一―七七）とイワン・ミハイロヴィチ・ソロヴィヨフ（一九〇二―八六）とは特に親しくしていたということです。この二人は、ヴィゴツキー学派ではないという方が正しいと思われますが、きっと研究所内外で、自分のグループだけが表立つことを好まなかったのでしょう。この二人より早くヴィゴツキーはこの世を去りました。ヴィゴツキーの葬儀を取り仕切ったのはザンコフでした。さまざまな政治的状況があったものと思われますが、どのような研究者とも、その人間性を大切に協調する仕事ぶりは、ヴィゴツキーが周囲から好かれる理由であったのです。ザンコフは、心理学研究所で同職しただけでなく、直接ヴィゴツキーと研究作業をしています。

その後の五人組、ボジョヴィチ、レヴィーナ、モロゾーワ、スラヴィーナ、ザポロージェッツが強力なグループとなりました。時々ヴィゴツキーは、これらのメンバーと内部研究会を開いていました。ザポロージェッツはヴィゴツキーという

「思想の発電機」を活火山に例えています。彼からは火のように考えが噴き出していたのです。先生とともにこのような時間を共に歩んだことは、もちろん教え子たちにとってこの上ない幸せであるわけですが、残された時間の中にあって、さらに批判が強まってくる状況にあっては、師であるヴィゴツキーにとっても幸せなひとときだったのです。

ヴィゴツキーの死後、スターリン時代が続いている間、誰もがヴィゴツキーの名前を口にすることをはばかるようになりますが、彼の思想は、彼の思い出に忠実であった上記の仲間たちによってかろうじて保たれ伝えられたのです。今日ヴィゴツキーは現代人の科学にとっても、古典となって読み継がれています。

他人に対して誠実であり続け、誰に対しても拒むことをしなかったのは、どうしてだったのでしょう。その答えはなかなか見つかりませんが、現代の私たちまでもが、いつまでもヴィゴツキーを読もうと思い、彼を尊敬しようと思うのは、まさにそのような彼の人柄に触れたからではないでしょうか。私たちを含めてヴィゴツキーを知った人々は、みな同じような気持になるのです。

第Ⅷ章
生命尽きてなお

1　最後の日々

ヴィゴツキーは最期の数か月をどのように暮らしていたのでしょうか。親族らの話によれば、意欲をみせ、はつらつとした様子であったといいます。いつものようにヴィゴツキーの仲間たちは研究会の準備をし、彼の名著『思考と言語』は教え子たちの口述筆記作業により、近いうちに刊行されようとしていました。そして晩年になって地位を与えられた全ソ実験医学研究所での報告も予定されていました。またウクライナ（ハリコフ）での精神神経学会用に報告を作成していました。ヴィゴツキーは、急いで仕事をし、仲間の力を借りながら自分の思想を紙面に写していたのです。

一九三四年春、ヴィゴツキーは三月に集中講義をするため、レニングラードの大学に向かいました。家を離れる時に不意に彼はこう言ったのです。

「お土産は何がいいかい、何が欲しいかい？」と。これまでそんなことは一度もなかったとギータは回想しています。そしてヴィゴツキーはギータの誕生日前にレニングラードから戻ってきました。下の娘アーシャにはボールを、ギータには切手アルバムをプレゼントしたのでした。

そして一九三四年五月九日、この日は良い天気でした。まるでギータのためであるかのように。冬の日々がやや緩んで暖かな日でした。この日はギータが九歳になる日でした。その前日ヴィゴツキーは娘にまた聞きました。

「ねえ、ギータ、お前の誕生日プレゼントは何がいいかい？」

「ううん、何もいらない。だってパパからもう切手アルバムをもらったから」

「でもお前の日に贈りものをするのがパパの楽しみなのさ。だからパパの楽しみを取らないでおくれ」

九日ヴィゴツキーはいつものように仕事に出かけました。ギータにお祝いを言って……。ギータのおばあちゃんは、お祝いのパンの輪、甘いクレンデリを焼いてくれました。やがて夕方になると同級生たちがやってきて、子ども部屋でなぞなぞをしたりして遊んだり、親たちの部屋に来て遊んだりしました。ギータにはとてもうれしい日でした。

でもギータは、この頃気になっていることがありました。いつドアが開いてヴィゴツキーが帰ってくるか、遊びに夢中でありながらも聞き耳を立ててパパの帰りをいつも待っていたのです。

実は、このところヴィゴツキーの容態は悪化していました。医師は入院を勧めましたが、彼は同意しませんでした。学年度末の仕事がとても忙しい、というのが彼の理由でした。大会での報告も気になっていたのでしょう。やり残していると思うことが山ほどあったのです。

五月九日、彼は「全ソ実験医学研究所」で報告中に具合がひどく悪くなりました。すぐに自宅に運び込まれました。半死半生の状態でした。

ギータや子どもたちは、いつものように廊下で遊んでいました。みんなが子ども部屋に駆け込んだ時、呼び出しのベルが鳴り、父親が運ばれてきたのです。ギータが見た父は青ざめていて、目が落ちくぼんで小さくなり、開いているようでもあり、閉じているようでもありました。ギータは、どうしたらよいのかわからず途方に暮れ、ベッドのそばの床にうずくまっていました。

ヴィゴツキーは、会議で報告した後、激しく吐血し、今、運ばれてきたばかりでした。固まって動けないでいる娘に気づいたヴィゴツキーは、無理に笑顔を作り、ゆっくりと言いました。「ほうら……約束通り……遅くならないで……帰ってきただろう……」と。

妻のローザはギータに子ども部屋に行くように合図しましたが、ヴィゴツキーは言いました。「いや、いいんだ、ギータを見ている方が楽なんだ」と。

イーゴリ・レイフは、この時期のヴィゴツキーを次のように描写しています。

ヴィゴツキーは「苦しんだその日の後も、自分の終わりが近いことを意識しながら、また冷静に無視しながら、なお穏やかに一か月を過ごしていました」

五月の末、二十五日から喀血が繰り返される彼の症状は再び悪化し、六月二日、セレブリャールヌイ・ボール（「銀の樹林」）と呼ばれる肺結核専門のサナトリウム（療養所）に移されました。それはモ

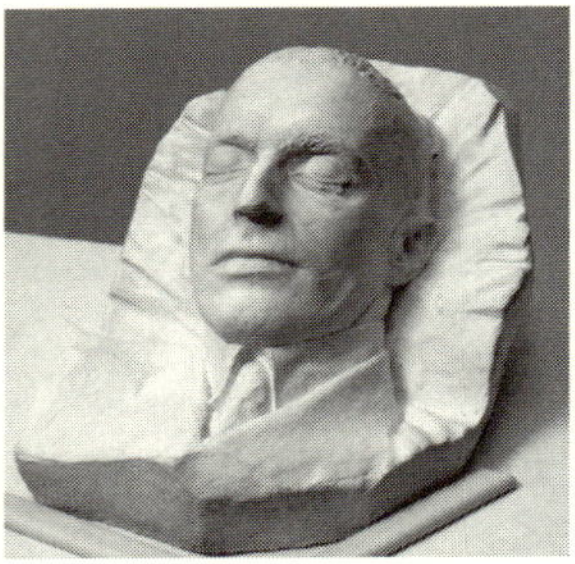

ヴィゴツキーのデスマスク

ヴィゴツキーの墓　2014 年秋（9.21）

スクワ川が大きく曲がるところに面した保養地帯でした。再びヴィゴツキーがモスクワにやってきて一〇年が過ぎようとしていました。その日もモスクワ川の水はゆっくりと流れていました。彼は故郷の町、ゴメリを流れるソジ川を思い出していたのでしょうか。

病院では、圧縮空気療法が施されました。当時は、それが一番の治療方法であると考えられていたのですが、効果はありませんでした。ヴィゴツキーは、V・ホダセヴィチの詩「プシュケーに」を繰り返して詠んでいたということです。プシュケーとは、蝶の羽をもった少女の形象で示される人間の魂、精神のことで、古代ギリシャ人の神話に登場します。

死の前日つまり六月十日、彼は二人の若い同僚を招き、神経症を伴う心理機能の変容について、あるケースの検討をしていました。翌朝、二人がもう一度ヴィゴツキーを訪ねたところ、十日から十一日に変わろうとする夜半、レフ・セミョーノヴィチ・ヴィゴツキーが激しい喀血の後、息を引き取ったことを告げられました。三七年と半年余りの短い生涯でした。彼の最後の言葉は「用意はできている」だったと伝えられています。

ヴィゴツキーは答えが一つではない問題を好みました。冗談でもあり真実でもあるようなことや、二重の意味をもった表現を好んだのです。彼の最後のことばも、いろいろに解釈できるものでした。

レフ・セミョーノヴィチ・ヴィゴツキーは欠陥学研究所の近くにあったノヴォジェヴィチ墓地に埋葬されました。

ヴィゴツキーの墓　2018 年冬のノヴォジェヴィッチ（3.15）

その日、欠陥学研究所では大勢の人々が号泣する中で追悼集会が行われました。太陽の降り注ぐ、この時期のモスクワでは珍しい日でした。また当時の状勢では、こんなにも多くの人々が集まる葬儀はほとんどありえなかったのです。その一方でレオンチェフを含むごく身近な弟子たちは葬儀に出席させてもらえなかったのでした。葬儀委員長はザンコフでした。

欠陥学研究所のあったパコージンスカヤ通り八番地から葬送の例が何百メートルにもなり、人々はドンスキー墓地の火葬場まで歩いていきました。娘ギータも途中まで父の棺を見送りましたが、母の言うことをきき家に戻りました。もう自分には父親がいない、という思いで胸が締め付けられました。優しい父親は、もう逝ってしまったのですそして「あなたのお父様が私たちにとって神様であるということは、ご存知でいらっしゃいますよね」とギータが言われたのは、それからずっと後のこと、しかもそれをギータが聞いたのは、アメリカの心理学研究者ブロンフェンブレンナーが米国コーネル大学からモスクワにやってきたときのことでした。

控えめに出された当時の、ヴィゴツキーの死を伝える追悼の弔辞を訳しておきましょう。

Ｌ・Ｓ・ヴィゴツキー教授

六月十一日未明、結核により偉大なソビエトの心理学者Ｌ・Ｓ・ヴィゴツキー教授が逝去された。

ヴィゴツキー教授の研究によりソビエトの科学は、心理学、児童学、欠陥学および臨床において新たな一連の研究が豊かになった。彼の非常に価値のある研究著作はソビエトのみならず国外でも広く認められている。

Ｌ・Ｓ・ヴィゴツキー教授は、ソビエトの学校建設において大きな役割を果たした多くの社会活動家の一人であり、組織者であった。

病気は、かくも早くＬ・Ｓ・ヴィゴツキーを墓に導いた。氏は自分の人生三八年目にして亡くなった。

教　授：ラゼンコフ、ギタロフスキー、ヴヌーコフ、セップ、クローリ、ラウ、ルリヤ、チュレノフ、ザンコフ
助教授：ソロヴィヨフ、ダニュシェフスキー、V・F・シュミット、ゲシチェリカ、プローレル、アレクサンドロフスキー、ヴラーソワ、ゼイガルニク、ビレンバウム

当時、心理学の世界では今ほどではないにせよ、既に国際的であったヴィゴツキーの死は海外からも反応がありました。その弔電や弔辞は彼の学問的な業績と人間としてのすばらしさを物語る証拠と言えるでしょう。

二〇世紀のドイツの心理学者で一九三二年に渡来したクルト・レヴィンは次のように書いています。レヴィンはモスクワにヴィゴツキーを直接訪ねていました。

「私がヴィゴツキー氏と直接お付き合いしたのは、わずか二週間だけでしたが、彼は私には忘れがたい印象を残しました。内面的に温和で、それと同時に実行力に満ちた非凡な人間、また極めて優れた学者という印象を受けました。私には二週間で友情が生まれた気がしました。……彼は全く疑いもなく、偉大で、非常に生産的な心理学派の創始者と思われます……」

ルリヤは外国の研究者とつながっていましたので、彼らにも参加してもらいヴィゴツキー追悼論文集を刊行しようと考えていました。彼の元には、クルト・コフカ、生理学者・神経心理学者ラシュレー、ジャン・ピアジェ、そして精神医学者アドルフ・メイヤーから哀悼と刊行への賛同の意を伝える返事が届きました。しかし残念ながら当時の状況は、それを可能にするものではなかったのです。後継者たちがレフ・セミョーノヴィチ・ヴィゴツキーの想い出として残していることばを記しておきましょう。

前述したようにA・V・ザポロージェッツは、新しい構想を次々と打ち上げる「火山」と師を評し、D・B・エリコニンも「彼から考えが火山のように噴出した」と述べ、「彼ほど自分自身の著作権にこだわらなかった人物にはこれまで出会ったことがない」と言っています。

そして娘ギータによればヴィゴツキーは最後の数か月間、朝早くから夜中の二時まで仕事をした、とのことです。そして「ヴィゴツキーを知ったすべての人々は、彼が個人的な幸福に関わることに対して非常に謙虚であったことを認めざるを得ない」と書きました。

彼の下でともに仕事をした者同士は互いにとても親しくなるのでした。ヴィゴツキーは、学問への態度を教えただけでなく人生も教えていたのです。最後にルリヤのことばを託しましょう。

「私が思い出すもっとも輝かしい年代、この二十年代は私の時代でもあります。そこではすべてがヴィゴツキーと結びついているのです。私にはほとんど自分のものがなく、すべてがレフ・セミョーノヴィチ先生によるものです。そしてこれを知るものは私たち多くの人々の中で私一人しかなく、ほかにはいないのです……」

そしてヴィゴツキー家には、二人の娘四歳のアーシヤと九歳のギータ、妻ローザ、そしてヴィゴツキーの母ツェツィリヤが残されました。この母はついに三人の息子を亡くしてしまったのです。

2　心理学の世界遺産『思考と言語』

最後の仕事、それは『思考と言語』の刊行でした。

病気が重くなっていくのは自分でも分かっていました。階段も踊り場で長いこと休まなければならなかったからです。死までのわずかな時間に、ヴィゴツキーは今日では名著とされるようになった『思考と言語』の完成を急ぎました。それはヴィゴツキーと同僚たちで一九二四年から一〇年間行ってきた研究の集大成であったのです。ですから以前に出版された著作と重なる部分もあります。

教え子たちはヴィゴツキーの指示に応じて彼が口述することを筆記し、資料を集め、以前の著作と照らし合わせて、原稿をつくりました。残念なことに一九三四年に出版された『思考と言語』を、ヴィゴツキー自身は自分の目で見、手で触れることができませんでした。

娘ギータは一九九六年の出版物の中で、私家資料として残されていたヴィゴツキーの「思考と言語のテーゼ」を公開しています。それは一九三二年四月二日に教育科学研究所で報告されたものです。

この資料は非常に貴重なもので、ギータが一九九五年に初めて公にしたものです。ヴィゴツキーの最後の著作『思考と言語』がたどったその後の運命については、この後で述べることにして、はじめに彼が、この著作をどのように構想していたのか知るために「思考と言語のテーゼ」（一九三二年四月二日）を訳してみましょう。これは『思考と言語』の発行を前提とした審査のためにヴィゴツキーが報告したものです。

思考と言語　テーゼ

L・S・ヴィゴツキー

心理学的研究

一　本書の内容を構成しているのは思考と言語の体系的な研究で、それは子どもにおける言語と思考の研究、精神的及び神経的な疾患のケースにおけるそれらの機能の崩壊についての研究、そして、これらの過程が高度に発展した形で成人において経過することを示す研究、の次元で行われているものである。このように、本研究は比較法的な切口で行われた。言語と思考の系統発生的問題を説明するための理論的な部分において、動物心理学及び民族心理学の領域のほかの研究資料が取り入れられる。

二　この本は主として次の部分から構成されている。

㈠　問題設定

(二)　思考と言語の主要理論の批判的な研究
(三)　実験的な研究
(四)　理論的な研究

三　ロシアや諸外国の先行文献で同様の主題がつけられているほかの著作と本書が違う新たな点は、単語の意義は発達すること、またその発達の道は人間の思考における概念の発達の道である、という命題を解明している点と実験的な証拠を示している点である。

四　研究の主要な理論的結論は以下の命題である。
思考と言語の過程間に単一の定まった関係を確立しようとする試みは正しくない。なぜならば、その関係自体が発達のさまざまな段階において歴史的、実際的に、量も質も変化するからである。

さまざまな発達段階における言語と思考の一定の機能的な構造は、第一に単語の意義の構造、すなわち概念の発達においての段階を定める。

所与の段階の諸概念における思考の支配的な形態が、意思の構造のすべてと意義の機能を定める。

五　研究の実践的、理論的意義は、筆者の考えでは次のような点にある。すなわち行われた実験に照らし合わせるならば、歴史的な発達という視座に立って言語と思考の問題を新しい形で提示することが可能であるし、また、この問題の解決に向かう方法を決める主要なモメントを挙げることが可能であるということ。そしてそうなると新しい問題設定において多くの教育学的、心理技術学的、そして具体的な心理学的な問題に向き合う可能性を与えることができるということ。

『思考と言語』の出版準備は、著者の死後になってようやく本格化したのです。世に出たのは一九三四年の末でした。そののち彼のほかの著作と同様『思考と言語』も数奇な運命をたどりました。この時代、多くの出版物に対して政治的な圧力がかかりました。本書も正当な批評を得られず、一九三六年七月四日を境に差し止められたのです。それはヴィゴツキーの名も本書のことも誰も口にしなくなるという、お決まりの道をたどることを意味しました。しかし逆に、真に研究的な人には大切に読み継がれていたのです。

ソビエトの心理学にとって大きな転換点は一九五六年、スターリン批判を訴えたフルシチョフ（一八九四―一九七一）の時代になってヴィゴツキー心理学研究選集が出され、その中に『思考と言語』が含まれていたことでした。死後二二年してからの名誉回復でした。『思考と言語』が三度目の出版を迎えたのは一九八二年「ヴィゴツキー選集全六巻本」のうちの第二巻としてでした。その後『思考と言語』は単行本として今日に至るまで新たな刊行が繰り返されています。

ヴィゴツキーの『思考と言語』については一九六二年、英語版がマサチューセッツ工科大学で出され、同年、日本語訳として柴田義松によって訳されたものが明治図書から出版されました。（これらの

『思考と言語』（写真右が初版、1934 年）

『原文』テキストは一九五六年版です）これを皮切りに諸外国でヴィゴツキーがよく知られるようになったのです。

この英語版にはブルーナーの計らいにより、著者ヴィゴツキーの批判に対するJ・ピアジェのコメントが掲載されるというサプライズがあったことは有名です。ヴィゴツキーの死後三〇年にして、もう一人の二〇世紀心理学の巨匠ピアジェが意見を返すことができたのでした。ピアジェは次のように答えています。

「既に亡くなってしまった同僚の研究が刊行されて二五年もしてから、それを見つけたというのは悲しみでしかないのですが、それには個人的に詳しく検討されるべき、自分にとって直接かかわるモメントがたくさん含まれているものでした。私の友人A・R・ルリヤが、私の研究に対してのヴィゴツキーの好意的、批判的な立場を伝えてくれたとはいえ、私はこれまで彼の著作を読む機会も、あるいは彼と個人的にお会いする機会もありませんでした。そしてこの本を今日読んで多くの諸問題について相互理解にたどり着いていなかったことを大変残念に思いました」

ピアジェはヴィゴツキーの批判的な指摘の正当性を認めつつ、今なら正しいことも正しくないこともある、と回答できただろう、またヴィゴツキーの知らない私の後の著作によって答えとなっている部分もあろう、と述べました。

なお、『思考と言語』のフランス語版はヴィゴツキー没後半世紀を経て、一九八五年に初めて出版されています。

有名なアメリカの学者J・ミラーはこの本の書評をこう書いています。

「傑出した本である。そして最も驚くべきことは、今日においてなお新鮮さと興味深さを本書が保持しているということである……そのロシアの著者は、今なお誠実で、説得力があるように思えるし、彼の論拠は今なお心理学において活用されうるだろう……思考の発達が社会的な交流から始まり個人的独り言を経て内言語に向かうというヴィゴツキー自身の解釈は、笑い話や、論理的、修辞的な論拠からの引用、トルストイやマーク・トゥエインからの引用、さらに科学的、哲学的、言語学的な分析の権威と向きあうことにより、機知に富んだ高い教養の持ち主がこのような問題に関して持ち込めることができたありとあらゆる種類の証拠と論拠によって増強しているのであるが、最も説得力があるのは、彼自身の行った幼児を対象とする研究である……このような人物と、たとえ紙面上とはいえ出会えたことはうれしい限りである。さらにうれしいのは彼の著作が今、英語圏の読者に広く知られるようになったことである」

一九六二年にL・S・ヴィゴツキーの『思考と言語』を出版したJ・ブルーナーは、この本をこの年のベストブックと呼びました。

人間の思考、人間はなぜ思考できるのか、はプラトンやアリストテレスの時代から、謎の一つでした。とりわけ、その謎は思考と言語にあったのでした。この『思考と言語』の最終の章、それが本書の核心部分ですが、その第七章には「思考とことば」いう題名が付けられています。そしてそこにはエピグラム（題辞）として友人オシプ・マンデリシュタム（一八九一―一九三九、当時、拘留中）の詩の次の二行が引かれています。

私は言いたいと思っていたことばを忘れてしまった。
すると中身のない思想は冥界の宮殿に戻っていってしまった。

これはマンデリシュタムの詩「つばめ」の中の別々の行をつなぎ合わせたものです。思想とは空虚ではなく、中身があるあるという意味が込められています。『思考と言語』は、思考の中身とは何か、思考の外身であることばとは何か、を問うている書です。そして第七章は主に内言の秘密の解明にあてられています。

内言とは外言の反映なのでしょうか？　あるいは外言から音声を引き算したものなのでしょうか。ヴィゴツキーは「発声化の有無それ自体は、我々に内言の本性を説明している理由にはならず、むしろその理由から生じる結果である」と書いています。

客観性を保つうえでこのような研究領域はより多くの実験資料が必要ですが、一九三〇年代後半は、そのような研究作業が難しくなっていました。そこで彼は発生論的方法を取らざるを得ませんでした。

ヴィゴツキーは文学作品を例に挙げて内言の役割を示しています。そして子どもの独り言（「自己中心的ことば」）がやがて内言となることを示したのです。子どもの自己中心的ことばが減少することは発声・音声が減少するだけで、「自己中心的ことば」そのものが消滅したのではなく、内化したとするのです。つまり三歳くらいの子どもでは、自己中心的ことばとコミュニケーションのことば（すなわち、外言）とは、ほとんど差はないのですが、やがて二つの言語機能の分化が年齢とともに進行していくのです。共通している未分化な言語機能から、自分のためのことばと他人のためのことばが分離していく、ということです。子どもが自分の外に向けて発するコミュニケーションのことばと、思考の元である内言とが別々になっていく途中に見られるのが幼児の自己中心的ことば（独り言）であったのです。

ピアジェが見たように、自己中心的ことばは音声を捨て、自らは消滅したように外からは見えますが、実はそれは錯覚であり、ヴィゴツキーに言わせれば「自己中心的ことばの数がゼロになることを自己中心的ことばが消滅したと考えることは、子どもが指を使って数えることをやめて声を出しながら数を数えることから頭の中で数えることに移るその時期を、数を数えること自体が消滅したと考えてしまうことと全く同じこと」なのです。

そしてヴィゴツキーは実際に内言を確認し、その特徴を明らかにしています。子どもの日常のことばやトルストイの小説を引いて内言の特徴を、単純化した構文、文節の最小限化、凝縮した思考の陳述、主語の省略、単語数の減少、としています。一言で言えば内言は「述語」だけでできているということです。考えて、意味づけをして、確認しなければならないようなとき、子どもは発する自分のことばを述語一つで言います。これは、まだ自己中心的ことばですが、年齢とともにますます述語化傾向は強くなり、陳述が断片化し、語数は減り、より短い文になっていきます。

そして大人はすっかり内言だけで思考し自分自身に向かって話しています。もはや単語でさえも全部完全に心の中で言うことはありません。ヴィゴツキーは言います。「内言では単語を最後まで発音する必要はない。我々は既に自身の意向によって、どの単語発音しなければならないのかを理解している」と。

「意義」と「意味」についても内言に大きくかかわります。どの単語も、誰にでも共有できる辞書的な「意義」があるのと同時に、ある個人に固有な「意味」があります。前者は固定的、一定性のものであり、後者つまり「意味」とはその人だけにおける特別な性質を持っています。例えば、同じ「りんご」も、ある人にとっては「一番好きなおいしい果物」であるけれど、別のある人にとってはアレルギー反応を引き起こす「嫌な、苦手なもの」といった意味を持ったものになるわけです。

個人にとってある一つの単語は、生活の中では、ますます複雑な意味を持つようになります。その複雑な意味は、外言では単語をいくつも用いてもうまく伝えることができなくなる場合もあります。内言では一言で済むことも外言では翻訳しきれないのが本当のところでしょう。「口ではうまく伝えられない」時がそれです。私たちが日常的にぶつかる現象です。

もう一つヴィゴツキーが『思考と言語』の中で指摘した重要なことがあります。それは、子どもが生体的、生物的に発達する過程と、社会的、言語的に発達する過程は、別々の根から始まり、しばらく別々の路線を歩みながらやがてこの二つの路線が交わって、それ以降、言語は思考的になり、思考は言語化する、という考えです。子どもは言語は思考を改編し、思考は言語によって行われるようになるのですが、しかし思考＝言語となるのではありません。それぞれは独自の部分があり、不一致は「意味上の主語と文法上の主語」のような違いとして生じています。外言で思考がことばにされるとすれば、内言はことばによる思考ではないので思考そのものであり続けたり、言語に影響を受けたり、流動的であったりします。

思考＝言語ではないとするならば、思考とは何でしょうか。ヴィゴツキーは書いています。「あらゆる思考は運動、流れ、展開をもっていて、一言で言い換えるならば、思考は何らかの機能を遂行し、何らかの仕事をし、何らかの課題を解決する。この思想の流れは内的な運動として、さまざまな次元を介して思想からことばへの、ことばから思想への移行として行われる」。

思想がうまくことばにならなかったり、できなかったりする経験は誰にでもあることです。しかし思想は言語化されてのみ、ことばとして表現されてのみ「見える化」され、他人にも分かるものとなるのです。同時に、ことばは思考を具現化した肉体でもあり、また思想のないことばは空虚なものになってしまうのです。

『思考と言語』第七章（最終章）の冒頭の題辞はそのようなことを伝えようとしたものと言えます。もう少し『思考と言語』について述べておきましょう。幼児期の子どもにとって記号の意味は、どのようにして生じるのでしょうか、そしてどのように妨げられるのでしょうか。そして記号（例えば、単語）の意味とはどのようなものなのでしょうか。『思考と言語』は、「意義」の諸問題について述べています。ヴィゴツキーによれば、意義とは思考からことばへの通路であり、思考とことばの間にある意義とは、ことばでも思考でもない。それは記号操作の内的な構造である、と述べました。

そして「意義」と「意味」の関係について、意義は潜在的であって、意味という建物の石材になっているといい、内言においては「意味」の方が「意義」よりも優勢である、といいます。

思考と言語の関係については、言語から思考が生まれるのではなく、最初にあったのは、ことばではなく行為であるとし、「ことばは行為の有終の美を飾る」と述べています。

『思考と言語』の本の全体的なまとめとして、思考と言語こそが、人間の意識の本性を理解する鍵となる、ということです。

『思考と言語』の第四章は、「思考と言語の発生的起源」ですが、これは一九二九年に論文として既に発表されているものです。そこでは現代人の思考と言語の発達は、それぞれ別々の道を歩んでいたが、それらはある時点で交わったこと、類人猿や子どもにおいては知性も言語も存在するが、それらは現代人の大人のものと違っている、ということが扱われています。ですから子どもの言語の発達には前思考的（前知的）段階がありますし、思考の発達には前言語的（直観的）段階があるのです。

『思考と言語』の第五章は、子どもにおける概念の発達段階が扱われています。彼は概念の発達を三段階に分けました。第一段階は個々の対象の偶然的、状況的な連鎖であり、同じ単語で多くの別々のものを呼ぶ段階です。第二の概念発達の段階は対象間を結びつける概念、例えば、「ペトロフ」という姓が家族全員を結びつけているが、それはまだ真の概念とは呼べません。それと同じような結合体を言います。そのあとで真の概念が現れる、とヴィゴツキーは書いています。この三つの段階では、同じ対象が同じことばで示されるわけですが、そのことばの関連付けの方法が段階別に異なっているのです。

さらにヴィゴツキーは成人における概念形成を念頭に置き、生活的概念と科学的概念を区別しています。また、さまざまな民族や文化において意味や概念には違いがある、という考えを示しています。

以上述べてきたように『思考と言語』は、のちの民族心理学にも、神経言語学的にも、心理言語学的にも、それらの発表の出発点や基礎となりました。まさしく世界遺産ともいうべき名著であり、ルリヤやレオンチェフの仕事の基盤となったのでした。『思考と言語』を介して多くの研究が人間の言語、意識、行動についてなされ、その後の発展を導いたのです。

3　ヴィゴツキーとその時代

レフ・セミョーノヴィチ・ヴィゴツキーが没して二年後、全ソビエト共産党（ボルシェヴィキ）中央委員会は、例の有名な決定「教育人民委員部における児童学的偏向について」を発しました。それは一九三六年七月四日付で突然に出されたのです。既に彼はこの世を去っているにもかかわらず、彼の出版物はもちろん、そのほかの発言資料が載ったもの、児童学に関わった者たちの著作もことごとく粉砕され始めました。児童学を批判する側の者たちは、彼の名前の付いているページや著作物を火の中に投じました。彼は自分の立場を説明することも、守ることもできないことは既に明らかなのに。仲間は離れればなれになりました。政権はヴィゴツキーを反マルクス主義者、ブルジョア主義者とみなしました。ヴィゴツキーの文化・歴史理論は政権から正しく理解されないばかりか、ねじ曲げられ、「ブルジョア的な歴史主義の域を出ていない」と烙印を押されてしまったのです。多くの研究者は仕事を離れ、保身に走りました。

先の決定や批判討論を経て、レフ・セミョーノヴィチ・ヴィゴツキーの名前は科学界から長い間消去され、原稿は出版されず、以前に出されたものは発禁書となり、図書館の蔵書は封印されるか、ページが切り取られました。そして「教育人民委員部の系統における児童学的偏向についての決定により削除」という公印まで押されたのです。ソビエトでは一九七〇年代の初めごろまで、図書館で彼の著作を閲覧することは不可能でした。ヴィゴツキーの名は、学生たちにとっては講義でヴィゴツキーの後継者が語る際に聞かれるのみでしたし、またひっそりと保管されていた初期の刊行物によって知る人ぞ知るという状態でした。一般には、そのような人がいたようだという一種の伝説になっていたのです。

思い出してみましょう。彼は自分の創造の力がまさに開花しようという時期に、結核によって早すぎる死を迎えました。作家イーゴリ・レイフは書いています。

「最高峰の著作とも言うべき彼の最後の『思考と言語』には、子ども一人ひとりに人間としての意識が誕生する秘密がきわめて鮮やかに解明されているのですが、それを彼自身は印刷された書物として見ることはできなかったのです」

死後、無視と沈黙が何年も続く中、娘ギータは心理学部の学生になりました。ひっそり持っていた父の本を心理学部の学生たちに回して、こっそり読みあさっていたと言われています。英訳・日本語訳で『思考と言語』が国際的に紹介されるまで、西側の多くの研究者たちに彼が知られなかったのは一九三〇年ごろから、約三〇年間、「教育人民委員部の系統における児童学的偏向についての決定」の影響が余りにも強かったからです。

この間の事情と、ヴィゴツキーが生きた時代の特徴をあげて、前述のイーゴリ・レイフは不遜な表現であることを前置きしながら、ヴィゴツキーが「ちょうどよい時期に死んだ」と書いています。その意味は、拘束されたり処刑されたりせずに病死したこと、自分の論文や冊子が泥だらけにされたり、ひどい扱いをされるのを自分の目で見てはいなかったこと、そして彼の活躍した時代が、大十月革命後にロシアのインテリゲンツィヤ（知識階級）が活躍し、「尽きることのない博識と深い教養を身につけ文化遺産を継承している知識階級が『銀の時代』に対して敏感に反応していたこと、そして革命時代の改革者や建設者たちが活動的な熱情をみなぎらせていたこと」にあるのです。

ベラルーシ出身で、古ぼけた心理学の側からすれば素人だったヴィゴツキーには、このような時代を背景にして、今まで手をつけられずに遠ざけられていた心理学や欠陥学の分野に、権威に屈することなく大胆に正面から向き合い、開拓することができたのです。彼はカビのはえたような旧心理学からみずみずしい心理学の泉を開いたのです。

4　子どもの行動とことば（心理学の宇宙）

一九二四年から一九三四年に亡くなるまでの、ヴィゴツキーの研究と創造の時期は、自身の病気との闘いの時期であったことは前にも記した通りですが、同時に彼の心理学や欠陥学での発見や理論化が精力的に行われた時期でもありました。行動、言語、思考、記憶、想像、情動……これらのことをヴィゴツキーは、どうやって研究したのでしょうか。

何よりも彼は、これらの過程が子どもにおいてどのように発生するのかに注目しました。人間にとって特徴的な、これらの高次心理機能の発生と形成の過程をさまざまな年齢期の子どもに見ようとしました。ある意味二〇世紀の心理学者たちも、子どもの行動や思考や言語に着目していたという点では同じであったと言えるでしょう。ヴィゴツキーはシュテルン、ビューラー、ケーラーらの研究を分析しました。ソビエトの反射学やアメリカの行動主義も。

ヴィゴツキーは、言語以前または言語発達の初期にある幼児たちが「直接性」で生きていることを確認します。それは見えていること、きこえていることがすべてであり、作為がなく、思いつくまま行動し、望みは即、行動に訴える、という子どもの姿を言います。つまりヴィゴツキーによれば、このような段階の子どもの思考は事実上、行為とは不可分であり、より正確に言うならば「思考は行為である」のです。やがて、ことばが身に入ってくると最初のうちは、ことばと行為は不可分ですが、やがて身体的な動作は言語的な活動と入れ替わることになり「ちょうだい」が「手を伸ばして取る」行為の代わりをするようになります。つまり、子どものことばが大人を動かし、欲しい物を手に入れることの助けとなります。他人（大人）とのコミュニケーションの始まりは、子どもと物とを結びつけます。別の言い方をするならば、子どもは他人を介して物と結びつくことになります。この点に着目してヴィゴツキーは、こう考えました。幼い子どももピアジェの言う自己中心的な存在ではなく、何よりも社会的な存在であり、幼児の欲求や望みは大人と共同することによって（社会的に）満たされ、言語はそのためのツールになるのです。

これによって子どもは今まで直接触れたり、やったりして知っていたことを、ことばを使って知ることができるようになりました。ポチェブニャの表現をかりれば、ことばは物の代表となり、物を示す記号になるわけです。人間の子どもは、動物とはちがって、ことばという記号を用いることによって、実際の事物に直接向けられる行為を代用することができるようになります。言語という強力なツールを用いて子どもは周囲の世界を知り得ていくようになります。

さらにヴィゴツキーは、ことばの別の面を見ていました。一般的な道具や機械も人間の望みをかなえ、自然界の改造に役立ちますが、それらはことばや記号とは、どう違うのでしょうか。

ことばは、それ自体が物質や自然を改造することはないのですが、人間の行動に作用を及ぼすという点が違うのです。広く考えれば、ことばで人を動かすことができるのです。子どもの行動は、いつも周りの大人たちから言語によって影響を受けていることを思いうかべましょう。「走っちゃだめよ。

あぶないから」「順番だからね、待とうね」というように、子どもは大人のことばによって事物を知り行為を修得しますし、ことばを獲得して、それに自分の行動や他人の行動を従わせ遊びます。子どもは、ことばそのものを学ぶと言うより「ことばを使う」ことを学ぶと言うべきでしょう。次々と自分の行動を規定してくる新しい現実を日々学んでいるのだと言えます。

ことばはコミュニケーションの手段であり、行動の調整体であることがはっきりしました。

ヴィゴツキーは、ことばに限らずそのほかのさまざまな記号にも着目し、それが古代から現代に至るまで人間の行動を調整し助けていることを指摘しています。人間の行動に与える機能を「ことば」という記号が大いに引き受けている以外に、この世界にはさまざまな記号（例えば道路標識、トイレマーク等）があり、人間はそれに従って行動しています。さらにヴィゴツキーに言わせれば、記号とそれに対する人間の関係は、元来、自分で判断すべきことが「記号に従うようになる」ことに見られるように、記号が人間の心理構造を改造することも指摘しています。例えば人間は「時刻」や「時計」を発明しましたが、今度は、「時刻」や「時計」によって考えたり、行動したりするようになります。つまり新たな装置によって自分の思考や行動の過程（心理構造）が改変されているのです。動物たちがS―R的に行動しているとすれば、人間の場合、それらの中間に「行動の組織化の役を担う第二系列の刺激」が働いているのです。まさにそれによって人間の行動は動物や幼い子どもの「直接的な」行動と一線を画することになるのです。

助けとなるような言わば補助的刺激を外部から借りて、人間は相応しい行動をするようになります。外的刺激に手がかりを求めて行動する例は限りなく挙げることができるでしょう。（交通信号によって人や車が移動したり停止したりするのは、その単純な例です）ヴィゴツキーは書いています。

「記号操作をするようになって我々は高度に複雑な心理過程に移行しただけではなく、事実上、自然的歴史の広野であった心理を置き去りにして、自分たちの行動を歴史的に形成する段階に入った」と。

自然的で生物学的に条件づけられた活動とちがって、このような文化的に媒介された形態の心理活動を「高次心理機能」とヴィゴツキーは呼びました。こうして文化的な記号やシンボル、言語によって心理が決定されるという彼のテーゼは、やがて「文化・歴史理論」と呼ばれるようになりました。

ここで、外部刺激によって人間の行動は媒介されるという例をヴィゴツキーの相談事例から引いてみましょう。まず最初の例はレオンチェフ（父）がその息子に伝えたという次のような話です。

亡くなる直前にヴィゴツキーはハリコフ医科大学に通信教育で入学し、ハリコフに短期間滞在し試験を受け、三年課程を終了したのですが、レオンチェフの回想録から判断すると、病児や患者との交流において自分の考えを具体的に示すことができました。この話の内容はロスソリーモ病院でのことで、患者は子どもではなく成人でした。それはパーキンソン症候群（パーキンソン病）で、普通には高齢者に見られる病気です。その外見的症状は、手、足、ときには身体全体が絶えず震えることです。さてヴィゴツキーたちが重症のパーキンソン病患者のベッドにやってきたときのことです。なるほどこの患者は立つことはできたのですが一歩も歩けませんでした。どんなにその患者が一所懸命努力しても、震え（医者はそれを「トレモール」と呼んでいます）はますますひどくなるばかりです。その時ヴィゴツキーはよく言われるように、ふと思いつきました。彼はテーブルから一枚の白紙を取り、それを細かくちぎってその患者の前の床に並べ一種の道を作ったのです。すると患者は、その紙切れに沿って足を踏み出し、突然歩き出しました！

皆さんはこれまでの章から、行動を媒介する外的な「刺激・手段」についてのヴィゴツキーの考えがお分かりのことと思います。だから実際に彼は「ふと思いついた」のではないのです。彼は理論的な一般原則を具体的な場面に応用したのにすぎないのです。ところで障害のある心理機能を回復させるこの方法論は、のちにルリヤとその弟子たちが失語症患者を研究する基礎となりました。

もう一つの例は、人間特有のこのような心理機能を自分自身を例にして示して見せたという証言です。それは「記憶力」という講義の一節に関わってのことでした。もちろんヴィゴツキーは普段自分の記憶力を自慢するような人物ではなかったのですが、娘ギータの回想によれば、子どもの頃よく父は自分たちの前でもやってみせた、ということです。そのことは前述しました。

このデモンストレーションにはある準備作業が必要でした。ヴィゴツキーは聴講生に向かってこう話しかけます。「まず最初に記憶とはどのようなものかみなさんに示したいと思います。そのためにお聴きのみなさんのうちどなたかに、みなさんが希望することばを、順に黒板に書いてもらいましょう。その単語はどんなものでも、抽象的なものでも具体的なものでも、どんなジャンルのものでも思った通りのことばで構いません。全部で四〇〇語にしてください。私がお願いしたい条件が一つだけあります。それはみなさんお一人お一人は私が『どうぞ』と言ってから単語を言ってください」こうしてすべての単語が口頭で言われ黒板に順に列として書き込まれてから、実演と「手品」が始まりました。黒板から目をそむけながら、ヴィゴツキーはこれらの単語を間違えることなく、番号順でも、列ごとでも、また順序通りでも逆順でも自由自在に、あらゆる順番で再現して見せました。ところで、この手品の種明かしはヴィゴツキーが予め準備していたことにあるのですが、それは四〇〇名以上の歴史上の有名人をリストアップして、それぞれを順序づけて暗記しておき、ヴィゴツキー本人はその場で記銘用に提示された単語と、その番号に相応する人物を連想すればよいだけでした。

でもここで大事なことは、ヴィゴツキーが自分の聴講生に伝えようとしたのは記憶術の例示ではなく、次のような思想だったのでした。すなわち、このような手品は本質的に言って手品などではなく〔実は彼と同時代の心理学者たちは手品だと思っていました〕、また総体としては補助記号と人工的な回り道を利用したのであり、文化的に建て増しされた人間の記憶とはこのように働いている、という例示でした。しかも記憶だけではなく、注意も、知覚も、そして実際的な知能も、同じような急進的な再構築を成し遂げていくのです。その時から「ことばやそのほかの何らかの記号は、これらの心理過程の初めの段階から終わりの段階までの間、働き、〈中略〉そしてあらゆる操作は非直接的で、間接的な性格を獲得するようになる」のです。

一九二四年から一九三四年までの一〇年間に行ったヴィゴツキーの仕事について、もう少しだけページを割きましょう。その焦点は人間の心理構造、とりわけ意識する過程を理解することにありました。

実験的に構造化された遊びや媒介された記憶についての研究は有名です。そこでは、子どもたちは記号操作することもあるし、もっと原始的な行動をとるときもあるという、びっくりするような事実が明るみに出されました。ある実験では単語記憶のために任意の補助カードが示されました。成人はこれらの補助カードを上手に使いますが、子どもは単語と直接関連のあるカードを見つけようとします。しかし、それがないとき、無理やり人為的な構造を見出そうとしました。また就学前の子どもたちに、いろいろな事物がどうしてそのような単語で呼ばれているのか説明を求めると、まじめに答えようとしますが、それがうまくいかないときは強引な関係づけを行うのです。

このような子どもの背景には、その子どものこれまでの歴史があることが明らかにされました。ヴィゴツキーは、子どもがいろいろな概念について、どのようにして大人の思考に近づいていくのかを明らかにしました。それは最初、記号操作ではないところから生じますが、一連の質的な転換の後でのみ、記号操作をするようになっていくのでした。自然的な形態の行動から増大し、はじめのうちはいろいろな気ままな混合があらわれます。子どもには、名称と事物、単語と行為、欲求と行動が不可分になっています。これを折衷主義《シンクレティズム》と呼んでいます。

言語に関して言えば、周囲に働きかける子どものことばも、自分に向けたことばも、複雑にまだ絡み合っています。ヴィゴツキーは、ケーラーが行ったチンパンジー向けの実験を難易度を変えず。子どもに実験してみました。すると、子どもはことばを用いて意図的に操作し、課題解決の助けになるものを見つけ、行為を計画しました。

しかし、子どもは物事が自分の願いどおりに行かなかったり、成果が得られないと分かったとき、「メチャクチャ」にしたり、大人の援助にすっかり頼ったり、課題自体を「丸投げ」したり、激しいことばをものや道具に直接ぶつけたりします。ことばをまだ上手に扱えない状態になります。そして、やがてそのことばを自分自身に向けた時、大人に助けを求める代わりに自分自身に「～だから、～たらいいんだよね。」とか、「こうして、それから、こうすれば、うまくいく」と対応策を自分で自分に言っているような「独り言」の発言が現れます。これをヴィゴツキーは内転化と呼びました。外言（他人向けのことば）から離れ、自分向けのことば（自己中心的ことばからやがて内言になる）になっていく瞬間です。

ヴィゴツキーと共同研究者たちは観察を通して次のようなことも見出しました。はじめのうち、自己中心的ことばも随伴性で、すぐには課題解決に貢献していなくても、外言を交えながら助けが必要なところを大人に伝え、自分のしていることに大人を巻き込もうとする行動を起こさせます。ヴィゴツキーの実験では、そのような時、大人は故意に別室に行くようにして、子どもを一人にし、気づかれぬように観察を続けました。すると大人とやり取りする機会を失った子どもたちは自分自身と話を始め、以前、大人に助けを求めたのと同じように自分に助けを求め、自分に指示をして、結果として自分自身の指示によって自分自身の行動を統制し、満足できる結果を手に入れたのでした。子どもは内的に考え、行動したのです。

このような観察結果についてヴィゴツキーは次のようにまとめています。

「子どもは社会的な型をした自分自身の行動を組み立てて、かつて自分が他人に向けて用いた行動手段を自分自身に用いる」と。

そして、このように書きました。

「実験者が課題提示として子どもの前に、ある状況を呈示するが、子どもはその状況の背後には常に、直接その場に居合わせているかどうかには関係なく、他の人間がいると感じている」と。

ヴィゴツキーは、さらに重大な意味を見逃しませんでした。それは次のことです。

子どもにおいて、それまで別々に、独自に、互いに無関係の路線で発達してきた、ことばと実験的知能（すなわち思考）が、初めて交わり共同する発生的な局面が生じた、という事実です。以後、思考は言語によって支えられ、言語は思考の具現体となるのです。これについては『思考と言語』の所で述べました。

はじめのうち、幼児の外言と自己中心的ことばは同じように見えますが、後者が知的な機能を果たし始め、子どもが独り言ではあるけれど自分自身の行動を外から調整し始めるときが転換点です。そして、子どもの独り言自体も受け身から能動化し、子どもは自分のやろうとすることを口にし、考えてから行うことを始めます。年少児は描いてから説明しますが、年長児は考えてから描こうとするのです。

ピアジェは自己中心的ことば（子どもの独り言）を多く観察しましたが、その意味を理論的に説明したのはヴィゴツキーでした。

ところで、子どもの自己中心的ことばを「きいている」周囲の子どもたちは、本当に「きいている」のでしょうか。当の子どもたちは、自分の独り言が周囲の子どもたちに理解されていると感じているのでしょうか。ヴィゴツキーの実験は続きます。

まず被験児をいつものグループではなく、耳のきこえない子どものグループや外国語で話すグループに移すと、被験児の発する自己中心的ことば（独り言）は減少してしまいました。もし子どもがピアジェの言うように自己中心的な存在、自分中心の性格であったら増大するはずなのですが。

次に被験児が独り言を言う時に、隣室で楽団が演奏したり、騒音を出したりして他児の声も自分の声もきこえにくくしました。するとその子の自己中心的ことば（独り言）は減少してしまったのです。

つまり周囲や相手に、自分の自己中心的ことばが理解されにくい、理解されていないことが分かると「より内言に近づく、わざわざ声に出さなくとも自分自身に向けて話す、心の中で考えて解決策を見出す」ようになり、自己中心的ことばは、ピアジェの言うように、意味のない、やがて消滅するものではなく、やがて内言となっていくもの、つまり人間の思考や心理構造にとって大いに重要な、役割の大きい存在になっていくのである、ということをヴィゴツキーは突きとめたのです。

人間にとって言語、行動、思考の持っている意味を解明しようとして、ヴィゴツキーが子どもにおけるそれらの発生機序に着目したことは、二〇世紀心理学のまさに画期的な出来事だったのです。

5　もう一つの都市ハリコフ

一九三一年、ヴィゴツキーはハリコフ精神神経大学に入学しました。それは病理心理学と神経心理学への関心から、自分の知識をより精確化しようとする必要性を感じたからです。そして幾分かは、ハリコフで講義をする際に時間をむだにしないためにということも、そしてモスクワを追われるようにしてハリコフに移った仲間たちのそばにできるだけ居ることができるように、という思いもあったのかもしれません。結局、大学は三年次までしか終えることができませんでした。自身の生命がもたなかったのです。

このことは、ちょっとした事件でした。というのは一方で名の知れたヴィゴツキー教授が、他方では学生用の腰かけに着き、試験をこなしている姿を見せていたのですから。学者でありながら学生でもあるとは、周囲からなかなか容易に受け入れられなかったようです。カザン大学医学部出身のルリヤもヴィゴツキーの医科大入学について「私たちは、教え、学び、研究することを同時に行った」と記しています。ヴィゴツキーは自分の講義や研究を、医科大学の授業と結び付けようとし、クリニックでの実習に期待していることを手紙でルリヤに伝えています。

時期を同じくしてヴィゴツキーは、保健人民委員部（後の保健省に相当する）関連の仕事もしています。それは児童・青年期保健研究所の副所長（研究部門担当）職です。一九二九年から勤めていた国立モスクワ大学附属のセップ記念神経症クリニック実験室助手、そして室長となっていたのでした。周囲には、もっと彼に相応しい職位を与えようという配慮の気持ちが強かったのでしょう。

ヴィゴツキーがハリコフに行くことには、ある事情が大きく関わっていました。それは次のような力が働いたのです。つまりモスクワからのある種の追放を意味していました。

一九三〇年代の初頭、ヴィゴツキー、ルリヤ、レオンチェフ、そしてM・S・レベジンスキーには、ハリコフで精神神経アカデミーに心理学部局を設置する提案がなされました。いわゆる「ハリコフ・グループ」と呼ばれる核が、モスクワからやってきた若手研究者たち、ボジョヴィチ、ザポロージェッツ、そしてレオンチェフらによってつくられました。まもなくこのグループにハリコフ在住の心理学者たちが加わりました。V・I・アーシン、P・Ya・ガリペリン、P・I・ジンチェンコ、G・D・ルーコフらです。このグループを、事実上指導したのはレオンチェフですが、彼は自分たちの独自の「理論バリエーションを発展させる」ことを決意しました。

のちにガリペリンは、A・N・レオンチェフがリーダー的な立場になったこと、そしてヴィゴツキーの理論体系の不備なところを補うことに、このハリコフ・グループの力を向けさせた、と伝えています。ルリヤはハリコフとモスクワの間を往き来しました。

ヴィゴツキー自身は居をハリコフに移すことはできず、学生として、講師として、発表報告者として時々当地にやってきました。前述したように一九三一年十一月からヴィゴツキーは、ウクライナ保健人民委員部・職員養成大学発生心理学部門長を命ぜられていました。そして一九三四年が始まるとすぐに、全ソ連邦実験医学研究所の新しい心理学部門の指導を請われていました。はりきって準備と組織づくりをしていました。早急に解決すべき課題を、彼は自分のメモ用紙に書きつけ、担当すべき人材を記入していたということです。計画を立てることが生きる希望であったのでしょう。そのメモには、もちろんソロヴィヨフ、ザンコフ、ヴェレソーツカヤ、レヴィーナ、スラヴィーナ・シフらの名前がありました。また研究職以外にも、技術職の人々の名前も書き込まれていました。メモの片面には、するべきこと、必要な物品などが記されていました。

しかし計画は実現されなかったのです。その日が急いでやってきてしまったのです。

ハリコフ・グループは一〇年間、活動を続けました。リーダーのレオンチェフは一九三四年にはモスクワに戻り、その後何度もハリコフを訪れていました。まもなくガリペリンもモスクワに戻りましたが、その後も幾度かハリコフを訪ねました。ザポロージェッツ、ジンチェンコ、そのほかの人々も第二次世界大戦が始まる前まで、ハリコフに留まっていました。

娘ギータもこの時期すなわち一九三三年の冬から翌三四年春にかけて、ヴィゴツキーは非常に元気だったと回想しています。彼は上機嫌で計画を立てていました。全ロシア実験医学研究所、ずっと夢みていた仕事ができると考えたのです。ギータによれば、妻ローザと構成メンバーや仕事の話をしていたといいます。既に彼の中では仕事が始まっていたのです。そのことを示す文書が残されています。それを次に引用しましょう。

《ヴィゴツキー教授宛》（上部にインク書）

指令書　第七号

全ロシア実験医学研究所モスクワ支所による

モスクワ市　一九三四年一月一四日

1. 諸計画および方法論的諸問題を検討するために所長直属の常置研究企画・方法事務局を

副所長N・I・プロペールを長として置くこととする。メンバーは以下の通り。アカデミー会員M・B・クローリ、V・S・ヴィート教授、A・V・マルトゥイノフ教授、M・P・コンチャロフスキー教授、A・I・アプリコーソフ教授、M・N・シャテルニコフ教授、K・X・ケクチェーエフ教授、M・E・マルシャーク助教授、およびL・S・ヴィゴツキー教授。

2. 研究企画・方法事務局は、全ロシア実験医学研究所モスクワ支所の企画検討を一九三四年に開始し、一九三四年二月十五日までにこの作業を終了する。

全ロシア実験医学研究所　モスクワ支所長

教授　ラーゼンコフ

写しとして証明する（下部にインク書）　署名（　　　　）

この時のことをルリヤは次のように話しています。ヴィゴツキーにとってはやっと自分の計画を実行することができる時が来て、ずっと自分が考えていたメンバーで自分の中に秘めていたすべてのことを実現化する機会であったに違いない、と。

しかし彼の病は重く、自分ではどうすることもできない時期に来ていました。ヴィゴツキーは入院を拒否しました。「今はそうできない。学生たちのために学年度に穴を空けるわけにはいかない」と言ったのです。しかし六月の年度末を全うすることができない運命でした。

もう一つ、この頃三三年から三四年にかけて、ヴィゴツキーには気になっていることがありました。娘ギータによれば、以前はよく家に来ていたA・N・レオンチェフが来なくなったと娘時代の思い出を記しています。

簡単に振り返っておきましょう。その話は一九三〇年に戻ります。この年ヴィゴツキーは「子どもの発達における道具と記号」を書きました。（しかし、これは五〇年以上もそのままにされました）この中でヴィゴツキーは、子どもが言語を得て行動が自由にできるようになり、すぐそばにないものも言語によって自分の行動を計画化できるようになること（つまり、可能性を広げられること）、行動を言語によって計画化できることを再確認しました。道具を使った課題解決の方法をことばで話し、言語と行動を社会的なものに統一することができる、という思想です。子どもはさらに随意的に記号や言語を用い、想像したり、計画することができるようになり、意図や動機と呼ばれる心理機能を獲得します。

これらの内的な心理過程と同時に子どもは、コミュニケーション、遊び、学習、仕事、といった外的な、これまで人類が社会的に、文化的につくりあげてきたことを受け継いでいきます。これを「活動」として区別します。つまり子どもは、内的には、知覚・創造・記憶といった心理過程を形成しながら、外的には活動を行っていくのです。

一九三〇年の著作では「活動」と区別すべき点を「行動」や「操作」と同義に扱われているという点で、レオンチェフらとのズレが生じました。このようなズレは、生活的概念と科学的概念の解釈をめぐっても生じるなど、一九三三年になるころには次第にはっきりしてきたのです。この頃ハリコフ・グループの人々はまだヴィゴツキーの考えに沿って研究を進めていたのです。

当時、中央の新聞「文学新聞」「ソビエトの映画」紙上に、突然「観念論者とトロツキー主義者の巣窟」と題する記事が現れ、レオンチェフもモスクワに居づらくなりました。ヴィゴツキーにとってもモスクワで平穏な生活は、もはやできなくなっていました。それはもちろん病気だけのせいではありませんでした。事実上レニングラードにも居場所を求め、月の一〇日間ほどは、この北の都で過ごすようにしていました。レニングラードで連続講義をしたのも、一九三二年の三月から四月にかけてです。これは「心理学講義」として一九八〇年代の「選集」に含められました。家族が暮らし、自分の公的な仕事場でもあるモスクワをヴィゴツキーは、できるだけ離れようとしたのでしょう。

このような背景を考え、またグループ全員が共に研究できる場を求め、理論的な不一致点の統一を行うことも考えて、自分もハリコフに移ろうとヴィゴツキーは計画していました。しかし、ハリコフ側から示された条件が悪くないにもかかわらず、彼は完全に移ることはしませんでした。前述したように、往き来する程度にとどめたのです。彼には他にもしなければならないことが山ほどあったのでしょう。それともモスクワから逃げ出すようなことは好まなかったのでしょうか。あるいはまだほかに理由があったのでしょうか。妻のローザは、英語圏でヴィゴツキーの名が広まることを心配し、自分たちが拘束されることを恐れていました。

折しもこの時期、一九三一年から一九三二年までの一年間、高額な報酬を条件にアメリカ合衆国から招待状を受けています。教え子のヴラーソワ（後の欠陥学研究所所長）の回想によれば、ヴィゴツキーは何のためらいもなく、自分がソビエト心理学について考えていることのすべてを行うには、あまりにも時間がなさすぎであると返事を出し、招待を辞退したのです。ハリコフ行もアメリカ行もしなかったヴィゴツキーの本心はよくわからないと言うべきでしょう。しかし、この晩年の時期のヴィゴツキーの生活が尋常でなかったことには間違いなく、いつも死を予想できるほどに体調は思わしくなく、急いで書きとめておかなければならないことが多過ぎたのでしょう。

この間のことについてギータの回想には次のように書かれています。

アメリカでの二年間の話は、すぐに断ったのですが、あまり要請が繰り返されたので、最終的には承諾せざるを得ず、当然この話は家族にとって大事件となりました。なぜなら単身渡米ではなく一家全員での話だったからです。両親のパスポートは準備され、それは赤と金色の表紙でした。ギータは近所の子どもから太平洋でくじらを見るだろうと話をされたといいます。ヴィゴツキーは、自分たちが乗る船は大きいからだいじょうぶ、と話したということです。

しかし、この話は直前になって駄目になりました。モスクワに留まることになったのです。その理由は（子どもだったので）よくわからなかったと娘ギータは記しています。実際に何が起きたのかは本人にしかわからないと言えましょう。

ハリコフ・グループの人々とヴィゴツキーの考えにどれだけの違いがあったのか、レオンチェフの息子のことばを借りて、もう一度一九三〇年に話を戻しましょう。この年ヴィゴツキーにはもう一つの著作があります。それは『子どもの労働活動と知的活動の関係について』で、はじめ、ピアジェの本のロシア語版の序文になったものです。ヴィゴツキーは言います。「……現実の状況において子どもの身の回りの事実が知力を現実的に作り上げるのを実際に見てきた。身の回りの事物、これは現実であり、その現実は子どもの知覚に受動的に反映されるのではなく、また抽象的に子どもに認識されるのではなく、子どもが自らの実践過程でぶつかる現実なのである」と。

同時期の「未成年者の児童学」では「人間の活動は……統一的で力動的な志向と興味に構造的に組み込まれ、調整される」と述べ、何らかの活動に向き合う者は、その事物に興味を持つだけではなく、その事物によって動機づけられていて、外界には誘因的な作用を持つ事物や過程があり、それらは中立的ではない、という思想を述べています。「……我々の環境にある事物は……あたかも我々に一定の行動を求めたり、行動を呼び起こしたり、心をひきつけたり、遠ざけたり、指図したり、誘ったり、拒んだりするかのようである。事物は欲求そのものに対して受動的ではなく、能動的な役割を果たしている」

このような考え方は、結局、ハリコフのグループの人々と不一致ではなかったのです。事物が子どもの知性を作り上げるという考えに違いはないのです。「生理学で唯物論者であることは、たやすいことである。心理学で唯物論者であってみよ」というヴィゴツキーのことばが思い浮かびます。ハリコフ・グループの代表レオンチェフは、事物世界に意識を求めなければならない、としました。これらのことは、言語によるコミュニケーションとしてではなく、実践的な相互作用として、つまり課題解決での実践的な共同として生じるのです。

ヴィゴツキーの晩年に生じた、ヴィゴツキーとハリコフ・グループの論争は、公の刊行物として残っているわけではありません。それは対立ではなく、内的矛盾であり、発展上の支えや力であったもの、言わば組み直しのためのきっかけと考えるべきでしょう。のちにレオンチェフはこう記しています。

「……三〇から三一年にかけての選択肢は、選択肢ではなく、心理学研究にとって必須な進行路線であった。あれかこれかではなく、必ずどちらでもある！」

ザポロージェッツは、こう言っています。

「次のように仮定できる根拠がある。すなわち情動的制御は、解決する課題条件の客観的な意味に応じて行動を調整する知的制御と異なり、主体に、つまり主体の持つ欲求の充足として生じる意味に対し、それ相応の行動修正を保証する。この二つのシステムが合致して機能することだけが、つまりヴィゴツキーの述べた「感情と知性の一体性」だけが……あらゆる活動形態の十分に価値ある実行を保証できる……」

「おそらく情動過程と認識過程の機能的な統合システム、つまりヴィゴツキーが特に高次な人間的感情の特徴であると考えた「感情と知性の一体性」があるのであろう。情動はこのシステムに加わりながら、知的で、一般化された、予測的なものとなる。しかし知的過程は所与の状況で機能しながら情動的な性質を持つようになり、そのような思考は意味の区別と目的形成において同じくらい重要な役割を果たす」

そして、これはA・A・レオンチェフ（息子）によれば、一定の期間を経た、ヴィゴツキー理論への回帰であった、ということです。おしなべてヴィゴツキーの考えはヴィゴツキー学派の中で反映や命題や発展を繰り返しながら進んでいくものだったのです。その意味でヴィゴツキーにとっての、もう一つの都市ハリコフの役割は重要でした。

ヴィゴツキー学派のハリコフ・グループが行った研究は、S・L・ルビンシュテイン（一九四〇）によれば、次のようになります。

「……それらの研究は、子どもの実際的な知的行為が、既にきわめて初期の発達段階で人間に特有な性質を持っているということを立証している。その点は、子どもが誕生当初から人間的な事物、つまり人間の労働の所産である事物に囲まれ、またそれらの事物との人間的な諸関係や、それらの事物を扱う人間的な行動手段を何よりも実践的に獲得する、という事実によって判断される。……子どもが他の人々との実際的なコミュニケーションに加わり、そうしなければ自らの欲求を満たすことができないという事実が、何よりも人間に特有な実際的行為の発達の基礎である。まさにこのことが……子どもの言語発達それ自体を構築する実際的な基礎である」

立場の異なるルビンシュテインが見事にヴィゴツキー学派の仕事について述べているのは大変興味深いことです。

6　ヴィゴツキー・ルネッサンス

ヴィゴツキーの伝記を終えるにあたり、彼が残した遺産ともいうべき思想について述べておきましょう。自分の生きた時代にあって、それは解決すべき現実的な課題であったに違いないのですが、それを彼は歴史的にとらえ、同時に未来に視点を置いて、自分が生きているうちに書き留めようとしたのです。

ヴィゴツキー以前の心理学や欠陥学を改革したことは既に述べましたが、その原動力とも言うべきヴィゴツキーの思想として次に述べるような理論が構築されました。これらは今日でも学校教育の教育課程や乳幼児の発達支援において生き続けている考え方です。

子どもの遊びから考えていきましょう。

ヴィゴツキーは「遊びは発達を連れてくる」「遊びは発達の原動力である」「遊びが発達の最近接領域をつくる」と述べました。これはどういうことなのでしょうか。「遊びの中で子どもは実際の生活年齢よりも大人になってふるまう」という観察と重なります。実際の生活では、よくできないことも、遊びの中ではできる自分になっているというのです。役割遊びではそのことは明確ですが、遊びの中で子どもは実際の自分より有能な人間になっています。

遊びの過程では事物から思考が分離する現象にヴィゴツキーは着目しました。正しくは、事物の意味がその事物から分離することです。角材や丸太が馬に見立てられるということは、角材や丸太のその本来の「意味」が離れることであるし、今までの意味が属していた事物に対し、今度は「馬」という意味に事物（角材や丸太）が従属することになります。そしてこの遊びの過程は「馬に乗る」あるいは「馬を御する」実際の行為（しぐさ、操作）によって成り立ちます。ヴィゴツキーは書いています。

「子どもは遊びにおいて事物を、ある意味のあるものとして操作し、事物そのものでなく、その代わりとしてことばとしての意味を操作する」

「実際の馬から切り離された馬の意味と、その角材や丸太への転換、そして角材や丸太を馬として扱う実際の動作は、ことばとしての意味の操作に導く必要不可欠な移行段階である……」

この場合、角材や丸太は、「馬」として機能的に定義され、「馬」ということばは、角材や丸太の一部となるのです。やがて角材や丸太ではなく、実際の椅子や枕も「馬」の意味を付与されることがあります。現実の生活では、「意味」が支配的（すなわち、かばんはかばんとしての意味、机は机としての意味が第二）ですが、遊びの中では自分の行動を意識して、事物や意味を意識するようになっていくのです。それは、遊びが発達を連れてくることに貢献していることに他なりません。

ヴィゴツキーの遊び研究は、人間にとっての「意味」研究とつながっていました。そして「意味」の研究は「活動」の研究でもあり、学校教育に直結する問題です。

実際に事物や、その操作や事物を示すことばを習得することと、「意味」を意識しながら活動を展開することが教育の過程です。ヴィゴツキーは『教育心理学』（一九二五年）で「歩行は自分の足でしか学べない」「学校は行動の学校でなければならない」と述べました。つまり学校は、考えることを教えるところであって知識を詰め込むところではないという思想です。死の直前に書かれていた著作では、教育の役割は子どもにさまざまな活動を形成すること、外側から知識を与えることではなく、内的に心理過程を総動員しながら発達していくようにすることであるという考えが示されています。

これに関わるのは「発達の先回りをする教育がよい教育である」という命題と「発達の最近接領域」という命題、すなわち、はじめのうちは大人や他人の助けや協力がなければ達成できないことが、やがて自主的活動によって達成できるようになるという考えです。集団活動で模倣することによって何かをなすことができる子どもは、大人の指導によって、はるかに多くのことができるようになり、それればかりか、理解して行えるようになるのです。それは共同活動から自主的活動への方向を示すものでした。

この点についてのヴィゴツキーの考えは、こうです。

「（三歳ぐらいまでの）幼い子どもは、自分のカリキュラムで学ぶ。学齢期の児童生徒は、教師のカリキュラムで学ぶ。だが学齢期（年長の園児）は、教師のカリキュラムに多少なりとも自分のカリキュラムを取り入れながら学ぶことができる」

就学前の、幼い時期の子どもは自然発生的に自分のプログラムで、自分のしたいようにして学び、学齢期になると教師が作ったプログラムに従って、反応的に学ぶことができるというのです。そしてその中間部分、就学直前の頃、三歳から七歳くらいまでの間は、「自然発生的・反応的」に、言い換えれば、自分の好きなようにも学び、先生に従って学ぶこともできるのです。この過渡的な時期の子どもは「自分のやりたいこともするし、大人がしていることもしたがる」子どもたちなのです。

これらの大きく三つに分けた子どもの学び方は、各年齢期における教育の特性を表していますが、教育のどのような過程にとっても大事なのは、成熟中の部分で、教育の開始時にはまだできあがっていない段階です。これはヴィゴツキーの「発達の最近接領域」の考え方にも重なります。

さて学齢期に入った子どもの教育について考えてみましょう。この時期、すぐに教科目の教育が始められる準備が整っていると言えるのでしょうか。

数や量、単語や文、自然や社会についての十分な概念が形成されているのでしょうか。従って学齢期の子どもはもちろんのこと、学齢を過ぎても、子どもたちには、心理過程（思考、言語、行動に関わりながら、知覚、注意、情動、記憶、などの機能）を総動員して、数や量をはじめ、生活や社会に関わる一般的な表象を豊化し、さまざまな活動に準備する一方で、教科目として教師のプログラムに参加しながら学ぶことが必要なのです。生活概念と科学的概念を学ぶということです。

これに関連してヴィゴツキーはこう考えました。今持っている知識・技能がどれくらいかを問うのではなくて、これからどれくらいのことを学べるのかを問うべきであると。学校にとって重要なのは、子どもが既に学んでいることではなく、これから学ぼうとする可能性の力なのです。「のびしろ」の部分に教育は着目しなければなりません。

子どもは就学前に生活的機能を自然発生的によく習得しています。科学的概念は入学後はじめて学ぶもので就学前には、ほとんど身についていません。子どもに生活的機能と科学的概念が生じる条件は同じではありません。前者は自然発生的に日々の生活を通して進み、後になってからことばとしての概念として定着するのに対し、後者は新しいことばとして規定される概念を知ることから始まり、やがて生活化が可能になります。後者、科学的概念の発達それ自体は、子どもが一定の生活的概念を持っているときのみ可能になるとヴィゴツキーは考えました。両概念の相互の移行も単純に進みません。子どもには例えば「水」「火」といったものについて、生活的概念と科学的概念が同居しているように見えます。

ヴィゴツキーは教育における唯言語主義《ヴァーヴァリズム》に警告を発しています。ある概念を直接教育することは不可能で、そうすることに教育的意味はありません。それは、ことばや決まり文句の空虚な暗唱になるからです。そのような時、子どもは概念を習得しているのではなく、「音のつながり」を覚えようとするのに等しく、また思考ではなく記銘しようとするのに過ぎず、それを自由に、随意に、意図的に応用することにはならないのです。ヴィゴツキーは言いました。「子どもが自分にとって新しいことばの意味を初めて知る時に、概念の発達は終わるのではなく、それは始まるのに過ぎない」と。つまり科学的概念は内的な意味の積み重ねによって発達していくのです。

それまでは具体的、直接的で、自分の自由ではなく、無自覚的であったことが、今度は知的、抽象的で、自分の自由になり、自覚的なものとなっていくのですが、学校教育では、そうすることを直接に教えているのではなく、読み・書き・算や、各教科の過程を通して活性化させていくのです。このことこそ、ヴィゴツキーが学校教育の過程に求めたことであり、彼は新しい学校教育の進むべき道を示したのでした。しかし一九三〇年代後半のソビエトは、そのような道を容易に歩むような社会状況ではなかったのです。しかし、それは今もって現代的な課題でもあることは読者の方々にもお分かりでしょう。いや、むしろ現代の教育関係者たちこそ、まったくヴィゴツキーの考えなど理解できなくなっているかもしれません。今日の私共にも学校とは何をする所なのかをヴィゴツキーは教えています。

7　永遠のヴィゴツキー

著者はようやくこの伝記を終えるページを書き始めようと思います。厳しい時代に死を迎えたヴィゴツキーの周囲の人々はそれをどのように受け止めたのでしょうか。

一九三四年七月、レオンチェフは雑誌「ソビエト精神神経学」にヴィゴツキーの追悼文を書いています。彼はヴィゴツキーの、人間の高次の心理過程の発達についての思想として次の三つを挙げています。第一は、「(人間の高次心理過程は) 社会的な人間活動の所産である。本来社会的で、外部から媒介された活動は、後になって個人・心理的な内的構造へと変わり、それと共に独自の基本構造を保持する。」。第二には、「機能的な心理システム」という考え方、第三として「人間の意識的、知的、意志的な発生における言語が果たす役割と位置」です。レオンチェフから見たヴィゴツキー思想は、言語の役割、意味の転移が一般化を導く、意義は認識の単位であり意識の単位ではない、を明示したとしています。

ヴィゴツキーの提起した問題は、彼の教え子たちに相続されていきました。後継者たちは一人一人が一定の分野を修めた専門家になりました。ヴィゴツキー生誕七〇年記念(一九六六年)の席で、エリコニンは述べています。

「……レフ・セミョーノヴィチは、機能局在化の問題も、異常児の臨床の問題も、教授と発達の問題も、年齢の問題も、心理学全般の諸問題を同時に研究していたのです」

ヴィゴツキーは膨大な文献による典拠を批判的に意味づけ、実験の結果を分析し、一般化することを通して重要な論点を見出しました。それは研究作業として必要十分であるばかりか、彼自身の生き方そのものでした。

ルリヤは、最も驚くべきこととしてヴィゴツキーが十年後の科学の将来的発達を予見していたことを指摘しました。

一九二〇年から三〇年代に彼が提起した命題は、時代の試練に会いながら、五〇年後には現代的な再評価の対象になったと同時に、今日でも多くの問題を解く鍵となっています。二一世紀の今日の心理学会や教育学会のテーマとしても違和感がないのです。死後、第二の人生として歩んだヴィゴツキー思想は、第三、第四の人生を歩もうとしています。彼の教え子たちは師の死後も先生を自らの灯台として生きてきたのです。それは師の学問的な業績が素晴らしいからだけではありません。学問的に優れているだけでなく、人間を大切にする彼の生き方が正しいと感じられたからです。直接の教え子たちが没した後も、教え子のその教え子たちにヴィゴツキーは引き継がれ、記念するシンポジウムや学会が、国際的に重ねられてきています。

彼の著作は繰り返し出版され、多くの言語にも翻訳されています。

レフ・セミョーノヴィチの生活と創造の歩みをよく見てみた時、かくも困難な条件下にあって、かくも短い時間で、かくも沢山のことを生み出したことに驚きを禁じ得ません。実に彼の筆になる著作は二七〇を超えるのですから。

レフ・セミョーノヴィチ・ヴィゴツキーの創造の意義について語りながらM・G・ヤロシェフスキーはこう指摘しました。「もしもヴィゴツキーの年齢でパヴロフが死んでいたなら、我々は条件反射に関する彼の学説を知らなかっただろうし、もしも同じ年齢でフロイトが死んでいたなら、彼は精神分析の創始者になってはいなかっただろう。ヴィゴツキーが成しえたことは世界心理学の年代記において他に代えがたいページとなって残り続け、次から次へと新しい現代の研究者たちがそれに向きあっているのだ」（M・G・ヤロシェフスキー「L・S・ヴィゴツキー。一般心理学構成原理の探求」／「心理学の

諸問題」一九八六年　第六号　一〇七頁）。

私たちのよく知っているヴィゴツキーの次のことばで、この伝記を閉じることにしましょう。

「最初の一歩を踏む時、私たちは多くの重大な、誤りとなってしまうことを避けることができません。でも、結局すべて、こういうことに過ぎません。最初の一歩は正しい方向で踏まれるようにする。あとは事が運んでいく。誤っていることはやがて脱落し、不十分な点は、やがて付け加えられる」（L・S・ヴィゴツキー「序文」／「盲児、ろうあ児、および知的遅滞児の教育問題」モスクワ　一九二四年　四頁）

あとがき

三七年と半年余り、ヴィゴツキーの人生はあまりに短いものでした。それは数々の創作や著作・論文を生んだ研究に満ちた人生であると同時に彼にとっては、文学と心理学を武器とした自由への闘いの日々であったと思えます。人間としてあるべき姿を文学と心理学に見出し、しかも自分の人生を以って示してみせたのです。彼は幼いころから他人にとって良き友人であり、家族には優しい兄であり息子でしたし、やがてよき指導者であり同僚でありました。何より娘たちにとってはすばらしい父親でした。

今日では世界中でヴィゴツキーが読まれ、彼の提起した問題が、まるで現代の二一世紀の問題であるかのように思え、論義が続けられています。

レフ・セミョーノヴィチ・ヴィゴツキーは帝政ロシア、ソビエトにまたがる数奇な時代に生きた人物でした。その生き方は本書で示したように、けっして欲に満ちた、強気一辺倒の、排他的な生涯ではありませんでした。自分に与えられた条件や運命の中で精一杯できることに力を惜しまず、困難さの先に希望を先見する人生でした。彼のよく知る人物が次々と当局に拘束されていくような時代、彼は文学と心理学に自由を求めました。

心理学者として見るならば、彼がいなかったならばロシアの心理学や欧米の心理学、つまり世界の心理学の今日はなかったでしょう。そして時代と時代の間の、苦しく、困難な、制限の多い時代に生まれた彼の心理学は、それ故に時と場所を超え多くの人々に大きな影響を与えました。彼自身にとっても、文学と心理学は解放への歩みであり自由のための武器でした。

「ちょうどよい時代に亡くなった」と作家イーゴリ・レイフは、彼の運命を表現しましたが、きっとみなさんの共感も得られると筆者は思います。

またヴィゴツキーの教育学、とりわけ学校教育に関する考え方は著作のあちこちで示されているわけですが「発達の先回りをする教育がよい教育である」という一文に凝縮されるでしょう。ヴィゴツキーの教育学についてことばを重ねるならば、そのことを自身が教師・指導者として見事に実践しました、彼の欠陥学領域での著作は、障害児教育学、今日でいう特別支援教育の金字塔となっています。

境目の時代に短く生きた彼の思想は、常に将来を見据え次の時代の考え方を先見していたと表現することができます。「このようなことはいつまでも続くはずがない」「きっと明日は、よくなるでしょう」と、常に過去と未来を考えて、正しい答えを証明しようとしたのでした。

その仕事は、いつも病と圧迫との闘いの中で行われました。病に倒れたものの、ヴィゴツキーの思想や生き方は勝利したのではないでしょうか。生誕一二〇年を経て、なお彼は人々の心の中で生きています。地方の文化や芸術、少数派の人々への理解は彼の仕事に反映しているだけでなく、彼の研究人生の大きな力になっているようにさえ感じられます。困難な時代こそ、ヴィゴツキーが求められるのかもしれません。

これまでヴィゴツキーの伝記本は、けっして多くはありません。一番、身近にいたルリヤもレオンチェフも師ヴィゴツキーの伝記はその時代状況の中では書けなかったといいます。一九九〇年代になって「ヴィゴツキーの伝記」と言えるものがロシア語で発刊されるようになりました。ヴィゴツキーの娘ギータとタマーラ・ミハイロヴナ・リーファノワの共著「レフ・セミョーノヴィチ・ヴィゴツキー」（一九九五）は、私家資料が多く使われていること、娘と研究上つながりのある専門家が著している点で特別な位置にある著作です。ヴィゴツキーの伝記を書いた他の著者らも、この本に多くを負っています。

彼の生涯を語った一人でヴィゴツキーの友人だったドープキンは、自分の回想的伝記の最後に次のように述べています。

「私はレフ・セミョーノヴィチ・ヴィゴツキーについて話してきましたが、きっと多くのことがらについて抜かしてしまっているでしょう。でも、七〇年、六〇年間、少なく言って五〇年間の長期にわたることを自分がお話しするとしたら、たぶん、不正確なものが混じってしまうでしょう……」と。

もう一人、ヴィゴツキーの伝記を著したA・A・レオンチェフ（息子）は、ヴィゴツキーの仕事は彼の行ったどの分野においても後世の者たちの受け止め方はさまざまであり、同じ評価はないと述べ、ヴィゴツキーの伝記は書く人ごとに違っていてよい、と述べています。

長期間にわたって事実を話すことは多くの困難を伴うことです。ヴィゴツキーの生涯は短いものでした。しかし彼についての伝記を書いた者はみな思うのです。「何か大事なことを書き落としたような気がする。彼について大事なことを書き忘れてしまっているような気がする」と。それくらいヴィゴツキーの人生も、人間性も、仕事も、広く、大きく、うまく表現することができないほどのスケールなのだ、ということかもしれません。それぞれの伝記作家は、そう思うことにして、自分の知りえていることをそれぞれ書くしかないのだ、と自分を納得させるのです。そしてもっと不思議なことに、ヴィゴツキーに教えを受けた者、接した者は、みな彼を自分だけの師のように錯覚するのです。触れ合った周囲の人々は、みな自分だけの友人のように彼を感じるのです。今、これを日本語で書いている著者も、何か大事なことを書き忘れていないだろうか、という思いにおそわれています。直接ヴィゴツキーに出会ったことなどない現代のロシアの研究者たちと会って話をすると、まるでヴィゴツキーが自分の師であるかのように尊敬と愛をもって語る場面に幾度も筆者は接してきました。

人間のストーリーは伝えられていくのです。その人の仕事も考え方も生き方も。彼の個人的な生活に多くのページを割いた本書は、ヴィゴツキーの伝記として十分ではないかもしれませんが、彼の生き方を日本に伝える一冊になるのであるならばうれしく思います。

本書の出版にあたり以下の方々にお世話になりました。

ロシア教育アカデミー副総裁で、同附属国立治療教育研究所所長を兼務するニコライ・N・マロフェーエフ博士は、モスクワでの資料収集やヴィゴツキー生誕一二〇年記念国際会議（モスクワ、二〇一六年十一月）への参加に際し、多大な支援や配慮を惜しまれませんでした。とりわけ欠陥学におけるヴィゴツキーの仕事について貴重な助言をいただくことができました。合わせて、好意的に筆者を受け入れて下さり、多くのエピソードを提供して下さった同研究所の同僚のみなさんに心より感謝いたします。

またフランクフルト在住の作家イーゴリ・レイフ氏は、二〇一五年九月の出会いから今日に至るまで、資料やたくさんのエピソードを筆者に与えて下さいました。氏の原著の邦訳を手掛けて以降、親交が続いています。本書を書くきっかけとなったのは氏の影響です。

筆者の拙文を最初に読み、原稿整理に力を貸してくれたのは、山梨大学の大学院生、山下明莉、西山瑛利、四年次生の堀田椋、大川佳純、塩原由梨奈、名取夏海、の諸君です。

静岡産業大学の中澤幸子先生からは校正に際して貴重な助言を頂きました。

明石書店の大江道雅社長は、本書の意図と意義を理解され、後押しをして下さいました。氏の御判断と御助言がなかったならば本書が世に出ることはなかったでしょう。本書の編集は秋耕社社長、小林一郎氏の手によるものです。元の原稿と本書を見比べると、一冊の本が世に出るまでには優れた編集者の力が必要であることが分かります。御二人には記して深謝いたします。

本書に多少とも価値があるとするならば、それは以上の方々や読者のみなさんによって引き出されたものです。

二〇一八年七月二十七日

広瀬信雄

Педагогика, 1987.

16 Л.С. Выготский: Педагогическая психология. Под ред. В.В. Давыдова. Москва, Педагогика, 1991.

17 Л.С. Выготский: Проблемы Дефектологии. Сост., авт.вступ. ст. и библиогр. Т.М. Лифанова. Москва, Просвещение, 1995.

18 Л.С. Выготский: Лекции попсиходогия. СПб: Издательство «Союз», 2006.

19 Л.С. Выготский: Анализ эстетической реакции. Собрание трудов. Научная редакция Вяч. Вс. Иванов и И.В. Пешкова. Москва, Лабиринт, 2001.

20 Л.С. Выготский: Мышление и речь. Москва, Лабиринт, 2008.

21 Л.С. Выготский: Мышление и речь.СПб: Питер, 2017.

22 Л.С. Выготский: Психология искусства. СПб: Питер.2017.

23 Л.Б. Ительсон: Лекции по общей психологии. Москва, «Издательство АСТ», 2000.

24 С.М. Морозов: Диалектика Выготского. Москва, Смысл, 2002.

25 А.В.Брушлинский:Культурно-историческаятеория мышления.Москва, Книжный дом «ЛИБРОКОМ», 2014.

22　服部倫卓・越野剛 編著『ベラルーシを知るための 50 章』明石書店（2017）
23　ツヴィ・ギテルマン／池田智 訳『ロシア・ソヴィエトのユダヤ人 100 年の歴史』明石書店（2002）
24　下斗米伸夫 編著『ロシアの歴史を知るための 50 章』明石書店（2016）
25　下斗米伸夫・島田博 編著『現代ロシアを知るための 55 章』明石書店（2002）

［ロシア語文献］（単行本のみ）

1　Г.Л. Выгодская, Т.М. Лифанова : Лев Семенович Выготский.Жизнь, Деятельность, Штрихи к Портрету. Москва : Смысл, 1996.
2　А.А. Леонтьев : Л.С. Выготский. Москва : Просвещение, 1990.
3　Игорь Рейф : Мысль и судьба психолога Выготского. Москва, Генезис, 2011.
4　И.М.Фейгенберг:Л.С.Выготский.Начало Пути: Воспоминания С.Ф.Добкина о Льве Выготском. Иерусалим,1996.
5　Под. общ. ред. Екатерины Завершневой и Рене ван дер Веера : Записные книжки Л.С. Выготского. Москва « Канон+» РООИ «Реабилитация», 2017.
6　Игорь Рейф : Гении и таланты. Трое российских ученых в зеркале советской судьбы. Москва, «Права человека», 2007.
7　М.Г.Ярошевский: Л.С. Выготский : в поисках новой психологии. Изд, 3-е Москва, «ЛИБРОКОМ», 2013.
8　Словарь Л.С. Выготского. Под ред. А.А. Леонтьева, 3-е изд.,Москва, Смысл, 2014.
9　Е.А. Лурия: Мой очец А.Р. Лурия. Москва, Гнозис, 1994.
10　С.М. Эйзенштейн: Психологические вопросы искусства. Под ред. Е.Я. Басина. Москва, Смысл, 2002.
11　С.М. Эйзенштейн: Драматургия киноформы. Статьи по теории кино. Москва, «Эйзенштейн-центр», 2016.
12　Булгакова Оксана: Судьба броненосца. Биография Сергея Эйзенштейна. Издательство Европейского университета в Санкт-Петеобурге, 2017.
13　В.П.Полонский,председатель:РоссияиСкандинавияЛитературные взаимодействия на рубеже. XIX-XX вв. Москва, ИМЛИ РАН, 2017.
14　Л.С. Выготский: Собрание сочинения в 6-ти т, Москва, « Педагогика», 1982-1984.
15　Л.С. Выготский: Психология искусства. Под ред. М.Г. Ярошевского. Москва

参考文献

［和書］（単行本のみ）

1　ヴィゴツキー／柴田義松 訳『新訳版　思考と言語』新読書社（2003）

2　ヴィゴツキー／柴田義松 訳『新訳版　芸術心理学』学文社（2006）

3　ヴィゴツキー／柴田義松・宮坂琇子 訳『教育心理学講義』新読書社（2005）

4　ヴィゴツキー／柴田義松・宮坂琇子 訳『障害児発達・教育論集』新読書社（2006）

5　ヴィゴツキー／柴田義松　他 訳『新児童心理学講義』新読書社（2002）

6　ヴィゴツキー／峯俊夫 訳『寓話・小説・ドラマ　その心理学』国文社（1982）

7　ヴィゴツキー／峯俊夫 訳『ハムレット――その言葉と沈黙』国文社（1970）

8　ヴィゴツキー／柴田義松 監訳『心理学の危機』明治図書出版（1987）

9　ヴィゴツキー／菅田洋一郎 監訳『子どもの心はつくられる　ヴィゴツキーの心理学講義』新読書社（2002）

10　ヴィゴツキー／大井清吉・菅田洋一郎 監訳『ヴィゴツキー障害児発達論集』ぶどう社（1982）

11　ヴィゴツキー・ルリヤ／大井清吉・渡辺健治 監訳『人間行動の発達過程』明治図書出版（1987）

12　ヴィゴツキー／広瀬信雄 訳『子どもの想像力と創造』新読書社（2013）

13　佐藤公治『ヴィゴツキーの思想世界　その形成と研究の交流』新曜社（2015）

14　中村和夫『ヴィゴーツキーに学ぶ――子どもの創造と人格の発達』福村出版（2010）

15　中村和夫『ヴィゴーツキー心理学　完全読本』新読書社（2004）

16　中村和夫『ヴィゴーツキー理論の神髄』福村出版（2014）

17　桑野隆『20 世紀ロシア思想史――宗教・革命・言語』岩波現代全書（2017）

18　R.コソラーポフ・I.フレブニコフ・G.ジュガーノフ／菊池嘉人・佐藤賢明・訳『理性と悟性のたたかい』新読書社（2000）

19　明神もと子 編著『はじめて学ぶヴィゴツキー心理学　その生き方と子ども研究』新読書社（2003）

20　K．レヴィチン／柴田義松 監訳『ヴィゴツキー学派――ソビエト心理学の成立と発展（現代ソビエト教育学大系②）』プログレス出版社／モスクワ（1984）

21　神谷栄司『未完のヴィゴツキー理論――蘇る心理学のスピノザ』三学出版（2010）

【ワ】

【ハ】

【マ】

【ヤ】

【ラ】

【カ】

人名索引

【ア】

【さ】

【た】

【な】

事項索引

【著者紹介】

広瀬信雄（ひろせ・のぶお、Hirose Nobuo）

長野県生まれ。京都教育大学卒業、東京学芸大学大学院修了後、筑波大学附属桐が丘養護学校、秋田大学教育学部附属養護学校を経て、1989年より山梨大学に移る。山梨大学教授（1996-現在)。1988年モスクワ大学に短期留学。2009-2012年山梨大学教育人間科学部附属特別支援学校長。2012-2015年山梨大学教育人間科学部副学部長。2017年4月より山梨大学教育学域教育学系長。

主な訳書は、ヴィゴツキー『新訳　子どもの想像力と創造』（訳、新読書社、2002)、ヴィゴツキー『子どもの心はつくられる —— ヴィゴツキーの心理学講義』（訳、新読書社、2003)、レオンチェフ『ヴィゴツキーの生涯』（訳、新読書社、2003)、ペトルニク『心の専門医が語る子育て・納得のアドバイス』（監訳、新読書社、2006)、スコロホードワ『もう一人の奇跡の人 ——「オリガ・I・スコロホードワ」の生涯』（編訳著、新読書社、2012)、サカリャンスキー『盲ろう児教育のパイオニア・サカリャンスキーの記録』（編訳、文芸社、2014)、イーゴリ・レイフ『天才心理学者ヴィゴツキーの思想と運命』（訳、ミネルヴァ書房、2015)、コルスンスカヤ『子どもに向かって「お前が悪い」と言わないで——コルスンスカヤの聴覚障害児教育』（訳、文芸社、2016)、レオンチェフ『新装改訂版ヴィゴツキーの生涯』（訳、新読書社、2017)、バシロワ『20世紀ロシアの挑戦——盲ろう児教育の歴史——事例研究にみる障害児教育の成功と発展』（訳、明石書店、2017）ほか。

主な著書は、『教師と子どもの共同による学びの創造——特別支援教育の授業づくりと主体性』（共著、大学教育出版、2015)、『エピソードから読み解く特別支援教育の実践』（編著、福村出版、2017）ほか。

明石ライブラリー 165

ヴィゴツキー評伝――その生涯と創造の軌跡

2018年8月31日　初版第1刷発行

著者　広瀬信雄
(Hirose Nobuo)

発行者　大江道雅

発行所　株式会社　明石書店
〒101-0021 東京都千代田区外神田 6-9-5
電話 03（5818）1171
FAX 03（5818）1174
振替 00100-7-24505
http://www.akashi.co.jp
組版　有限会社秋耕社
装丁　明石書店デザイン室
印刷・製本　モリモト印刷株式会社

（定価はカバーに表示してあります）　ISBN 978-4-7503-4710-3